随园大家丛书

写实人生
徐悲鸿

封加樑 林明 著

南京师范大学出版社

序

陈传席

《文史通义·原道篇》有云:"故欲知道者,必先知周、孔之所以为周、孔。"因为"道"出于周、孔,所以必须先知周、孔。孟子还说:"颂其诗,读其书,不知其人,可乎?"

封加樑是我在南京师范大学任教时的博士生,以研究徐悲鸿的论文获得博士学位。当他研究徐悲鸿的绘画和绘画理论时,我就告诉他,必须先了解徐悲鸿,即欲知"道"者,必先知徐悲鸿之所以为徐悲鸿,读其书,必知其人。所以封加樑、林明又写了这本《徐悲鸿传》。

自明代以降,以画为业者,何止千百万人,但真正可观者,历代不过数人而已。"天地有正气,杂然赋流形。"但天地间正气、清气是有限的,赋予人也有限,所以,真正的名家历来都不会多。数来数去,也就那几个人。徐悲鸿乃是那个时代最杰出者之一。他中西画皆精,又从事美术教育,更从事国画改良,对中国画影响至大。徐悲鸿之后,人物画的发展几乎都受他的影响。所以,要研究现代中国画,要研究现代中国的画史,必须知道徐悲鸿。

蒋碧薇写了《我与悲鸿》,廖静文写了《徐悲鸿的一生》,上海的王震写了《徐悲鸿研究》,又整理了一系列的徐悲鸿资料。但像徐悲鸿这样的大家,研究文章及传记等,再有几倍,也不算多。封加樑、林明在前人基础上,又写了这本《徐悲鸿传》。因为我曾是封加樑的导师,便约我为之序。我曾经在徐悲鸿任过教授和系主任的地方担任教授二十余年,回忆往事和南京师范大学的美丽风光,旧情油然而生,感慨万千,然事忙,聊书数语而已。

2012 年 3 月于中国人民大学

目录

壹　童年与少年

一、屺亭露才 …… 003

二、三赴上海 …… 007

三、哈同拜师 …… 015

贰　青年

一、留学日本 …… 021

二、京城励志 …… 025

三、巴黎追梦 …… 030

叁　壮年

一、从南国社到中央大学 …… 049

二、赈灾南洋 …… 081

三、缘结重庆 …… 092

肆　暮年

一、艺专复校 …… 105

二、壮心不已 …… 113

三、长眠八宝山 …… 120

伍　悲鸿艺术观

一、写实人生 …… 125

二、世纪恩怨 …… 148

三、吴冠中与徐悲鸿 …… 171

四、"二徐之争" …… 175

附录一　惑 …… 184

附录二　我也"惑" …… 187

附录三　"惑"之不解 …… 198

附录四　我不惑 …… 201

附录五　徐悲鸿生平年表 …… 205

壹

童年与少年

一　屺亭露才

江苏宜兴简称宜，春秋时属吴，秦置阳羡县。居民绝大多数属汉族江浙民系，使用吴语太湖片方言。在宜兴市东北部，有一屺亭镇，因位于屺山西得名。屺亭镇东南侧的太湖，碧波浩渺，水天一色，养育了多少江浙儿女。从地图上看，宜兴的屺亭镇地处沪、宁、杭三角中心地带。优越的地理位置，得天独厚的自然条件，让生长于此的人们天生就比别人多了一些智慧和灵气。1895年，这里诞生了一位多年后让世人瞩目的伟大画家——徐悲鸿。

徐悲鸿是父亲徐达章的长子，出于爱护，他给这孩子取了个颇具乡土气的名字——徐寿康，其意义也很简单，只希望他能健康长寿。

在徐悲鸿的印象中，尽管父亲徐达章是当地有名的书画家，但当时的中国农村思想保守，父母又生了五个子女，所以虽然家有不少农田，但因为孩子多，徐悲鸿从小家庭贫困。因此，能诗善文的私塾先生徐达章常奔波于方圆百里，为乡人作画写对联以补生活之绌，但徐达章从未对子女的教育有所疏忽，早在徐悲鸿六岁时，父亲就让他开始接受传统文化，教他识文断字。

◎ 徐达章像，布上油画，1928年，75 cm×54.5 cm，藏于徐悲鸿纪念馆

据徐悲鸿先生自述，他母亲姓鲁，是一个心地很好的农村妇女。徐悲鸿能明显感觉到她对父亲的崇敬。

或许是因为天天看见父亲画画，徐悲鸿从识字起就对画画产生兴趣，但当时因为年龄太小父亲不肯教他。据说有一次，父亲对悲鸿讲，我要出去一趟，谁来找我，叫他留一个名。父亲出去后，有个人来了，问悲鸿，你父亲呢？悲鸿说，他不在。这个人就走了。等悲鸿父亲回来问他，有人来吗？悲鸿答，有人来的。又问来人姓什么叫什么，悲鸿却答不出来。父亲埋怨他，连个人名都记不住。悲鸿笑笑，也不辩解，只把手摊开，父亲一看悲鸿手掌上所画人像,就明白方才来的客人是谁了。自此之后,父亲就再也没反对过徐悲鸿画画。九岁的时候,父亲就让他每天摹一幅当时流行的《吴友如画本》,学习调色、设色等绘画技能,这就是徐悲鸿学画的开始。

还有一回,悲鸿家隔壁的老太太去世了,家人很伤心,一边哭一边遗憾,遗憾生前没有给老太太拍个照片,连个念想也没留下。悲鸿听见了说,不要紧,我来画一幅吧。他就画了一幅老太太在河边洗衣裳的画。一看悲鸿画的老太太,老太太的儿子说,这就是我的母亲嘛,你怎么画出来的呢?悲鸿说,我经常看到她在河边洗衣服,我看见过她的样子,想着想着就画出来了。

在父亲的细心指导下,天资聪颖的徐悲鸿未满十岁便读完了《诗》、《书》、《礼》、《易》,还能为乡里人写春联,能帮父亲在画面的次要部分填彩敷色。有一次,徐悲鸿随父亲乘舟赴溧阳时,有感于两岸景色,便有了"春水绿弥漫,春山秀色含,一帆风信好,舟过万重峦"的诗句,一时在乡里传为佳话。1936年元月,徐悲鸿作行书将此诗赠予弟弟徐寿安,诗书相得益彰。这就是徐悲鸿幼年的功底了。

宜兴地处长江中下游平原,洪涝灾害多。悲鸿13岁那年大涝,田里颗粒无收,父亲徐达章便带着少年徐悲鸿跑到更远一点的县里去画画、刻章谋生。虽然那时候照相技术已经发明,但农村还不多见,画家们依然充当着照相机的功能。为人画像就要惟妙惟肖,这对少年徐悲鸿来说无疑就是一次次的写生基本功训练。渐渐地,他的画艺在随父奔波的过程中得到了很大长进,慢慢地在周边的乡县有了名气。

在徐悲鸿早年的成长历程中,父亲的影响是非常大的。1942年他在一幅作品题诗中曾说"少小也曾锥刺股"。早年的艰辛生活加上父亲对他的严格教育,在潜移默化中徐悲鸿养成了刚正执著,不屈不挠的个性。

17岁那年,徐悲鸿父亲积劳成疾,经常需要卧床养病,作为家中的长子,徐悲鸿用瘦弱的肩膀挑起了生活重担。然而,光靠走街卖画的收入远不能支撑一家人的生活,徐悲鸿分别去宜兴县初级女子师范、始齐小学、彭城中学应聘国画教师,都被录取了。于是,悲鸿开始身兼三职,在三个学校之间来回奔走。常一天奔波几十里,三过家门而不入。

在几个学校兼职教学,又能为亲朋好友画画写字赚取一些生活补助,在旁人看来已经是不错的了。但是在徐悲鸿心中,这并不是他想要的生活。

1912年,徐悲鸿在一次偶然的投稿中得到了改变自己命运的机会。1907年12月5日在上海创刊的《时事报》和1908年2月29日创刊的《舆论日报》于1909年合并为《舆论时事报》,又于1911年5月18日改名为《时事新报》。《时事新报》是由中国最早的出版机构——商务印书馆主办的。辛亥革命之后,《时事新报》成为了进步党的报纸,开始

◎ 张元济(1867—1959)

传播新思想。1912年《时事新报》征稿绘画作品,徐悲鸿抱着试一下的心情将自己刚完成的一幅戏剧人物《时迁偷鸡》寄了过去。当时《时事新报》的主编是张元济老先生,他在一大堆稿件中看到这幅生动活泼、用笔老练的作品,欣喜之余给了个二等奖。正是这个小小的奖项,给了17岁的徐悲鸿立志走出乡村、走向世界的勇气和信心。

三赴上海

1912年,虽然已是民国,但在父亲徐达章的心中,男大当婚、女大当嫁的观念根深蒂固。于是,徐悲鸿在父亲徐达章的安排下与一位姓周的农家女订婚。17岁的徐悲鸿因不满这桩婚事逃离家乡,但还是被父亲找回来了。无奈之下,徐悲鸿与这位裹着小脚的旧式女子成亲,但是对父亲有了不满情绪。婚后第二年,妻子生下一个儿子,徐悲鸿并未因此消退不满情绪,于是将这个孩子取名"劫生",而父亲徐达章却很高兴,将孩子的名字改为"吉生"。

婚后,努力求索的徐悲鸿心思还是不在家庭上。就在此时,他看到《申报》上海图画美术院招生的广告:"专授各种西法图画及西法摄影、照相、铜版等美术,并附授英文课。讲义明显,范本精良,无论已习未习,均可报名。"徐悲鸿顿时心动。1913年,18岁的徐悲鸿再次离开宜兴,独自来到上海求学。

位于上海乍浦路8号的上海图画美术院成立于1912年11月23日,由刘海粟、乌始光、汪亚尘等人创办。当时乌始光因年长而被推为校长,17岁的刘海粟任副校长并于1913年2月在《申报》上刊登了招生广告。

刘海粟与乌始光都曾是近代著名画家周湘的门徒。周湘早年因参与"戊戌变法"而流亡日本,后又到西欧英、法、德等国学习观摩西画技法。1907年,周湘回国,全力以赴投入教学。刘海粟、张秉光、丁悚、陈抱一等一批著名画家,早期均在周湘学校接受过教育。

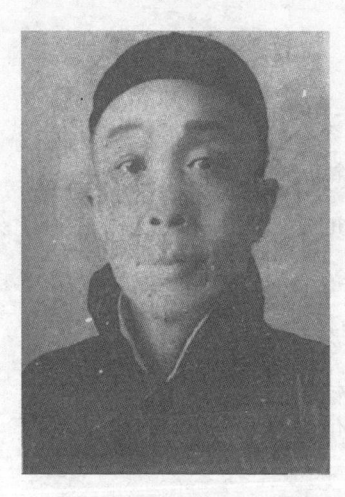

◎ 周湘(1871—1933)

正是凭借着一股热情,刘海粟等一帮艺术青年开始了创业,但是当时条件极度艰苦。上海图画美术院开办初期因为资金不足,条件极为简陋,据说刘海粟将数支毛笔绑在一起,书就了"上海图画美术院"几个大字。因为物质条件的限制,创办之初的教学也极不严谨。

刘海粟做梦也没有想到,因为教学条件和教学经验的限制,使他和徐悲鸿结下半个世纪的恩怨。此为后话。当时学费和住宿费把悲鸿从老家借来的几十元钱花去了大半,要生活,只能节衣缩食。打苦日子过来的徐悲鸿并不怕校舍的简陋和绘画工具的破旧。满怀希望来到上海的徐悲鸿,要的是艺术,要的是实实在在的学习。然而这次他失望了,自己的习作竟被老师拿去做了教材,尽管学校名称好听,也不过是徒有虚名罢了。徐悲鸿眼看自己没什么可学,熬了两个多月便不辞而别回到了宜兴老家。

回到宜兴的徐悲鸿继续担任彭城中学和宜兴女子师范的图画教员。但上海求学失败并未消减他要成为一个大画家的梦想,踌躇满志的他一面工作一面用心寻找着其他的出路。

生活,似乎总给这位不满20周岁的年轻人太多的磨难。1914年,徐悲鸿的父亲去世。

埋葬了父亲以后,悲鸿打算再次离开家乡,到上海去寻找半工半读的机会。他写信给宜兴同乡徐子明先生,当时徐子明正在上海中国公学担任教授。徐先生看到年轻徐悲鸿的作品十分欣喜,便热心地将他推荐给上海复旦大学校长李登辉。李校长一见徐悲鸿作品便大为赞赏,并承诺愿意给他安排一个工作。于是悲鸿立即辞去了家乡的教职。

临行前,在宜兴初级女子师范任教的、比他年长的国文教师张祖芬先生勉励他说:"你年轻聪明又肯努力,前途不可限量。我没有什么东西可以送你,就送你这两句嘉言吧:人不可有傲气,但不能无傲骨。"短短的两句勉励之语寄托着这位老先生对年轻同事深深的爱惜和无限的厚望。从那时起,徐悲鸿终身铭记着这两句临别赠言,以之为座右铭。

然而,辞去工作、满怀希望奔赴上海的徐悲鸿很快感受到了再次失败的痛苦,复旦大学的李校长并没能帮徐悲鸿在上海找到工作。正当徐悲鸿努力谋求其他出路的时候,闻讯家乡的妻子病重,徐悲鸿匆匆回家。

徐悲鸿回到家,母亲已经陪妻子去常州看病了。徐悲鸿给妻子留了一件皮背心和三十块钱,并关照家人说:"我实在不能够等,有急事得回上海,我马上回去了,皮背心给她暖暖心,三十块钱给她去看病吧。"之后徐悲鸿就返回了上海,时隔不久,妻子在家中病逝。

妻子病故不久,年幼的儿子也因天花夭折。短短三年内,徐悲鸿失去了艺术道路上的指路人父亲,也失去了虽没有任何感情却能给母亲带来安慰的妻子以及年幼的儿子。在孤独和悲痛之中,他将自己的名字由徐寿康改为徐悲鸿,把自己比喻成一只哀鸿,欲顽强地飞翔在天边。

生活的挫折让徐悲鸿少年老成。奔走在宜兴街头的他,身上除了几枚借来的银元,就是砚台、毛笔和几幅带着自己体温的书画作品。

正在彷徨之际,徐子明介绍他去找商务印书馆《小说月报》的编辑恽铁樵,希望能从中争取到一些为杂志画插图的工作。在商务印书馆,徐悲鸿结识了自己闯荡上海的第一个朋友黄警顽。黄警顽是商务印书馆发行所的普通职员,当时是他代徐悲鸿打电话给恽铁樵的。

黄警顽将徐悲鸿带到编辑部,恽铁樵看了徐悲鸿的画后说:"商务出版教科书需要画插图,你的人物画画得很好,可以为教科书绘插图,十之八九应该没问题,不如在上海多住几天等我的信。"徐悲鸿由于所剩的钱不够用,便回宜兴等恽铁樵的消息。不过心急如焚的徐悲鸿哪里能待得住啊,没过几天他就又来到上海商务印书馆打听消息,恽铁樵一见徐悲鸿就对他说:"你的事儿成了,搬到这里来吧。"徐悲鸿欣喜若狂,立刻写信告知朋友。但是还没等到徐悲鸿搬过去,却意外收到恽铁樵一封信,说是由于画风问题,不太适合,并把他的画也退还了。

徐悲鸿失落极了,回想着自己两次辞职三赴上海的经历,一次次梦想破灭,工作的希望如今又成泡影,而且自己还欠了旅店老板几天的房钱,行李也被店主变卖抵了住店钱,无脸再回宜兴。当天晚上徐悲鸿度过了人生中最落魄的一夜。他打算天亮与黄警顽道别后就离开这个走投无路的世界。

第二天,徐悲鸿来到商务印书馆,对黄警顽说:"我无脸再见江东父老!在上海,我举目无亲,只有你一个新交的朋友,永别了。"说完就走了,警顽刚开始还不介意,回头一想,悲鸿神色不对,怕是会想不开。定了定神,考虑他在上海人生地不熟,应该就是去了黄浦江边。果然,黄警顽在那里找到了徐悲鸿,黄警顽上前一把抓住了他,徐悲鸿一看是黄警顽,眼泪立刻掉下来了,两人抱头大哭。

随后,黄警顽将徐悲鸿带到了自己的宿舍,让他睡自己的床铺。黄警顽还给徐悲鸿每天一毛钱让他解决早晚饭问题,中午要不在自己家吃,要不就在他的朋友处吃。徐悲鸿每天可以去发行所店堂看各类书籍,在那段相对平稳的日子里,他阅读了大量国内外优秀图书,学问获得很大长进。

黄警顽后来在《记徐悲鸿在上海的一段经历》中说:"徐悲鸿

是中国近代杰出画家,在中国美术史上占有很高的地位。一九五三年九月二十三日,在北京逝世,还只有五十八岁。我从一九一五年和他相识,直到他在中央美术学院岗位上去世时为止,相识三十五年。据我所知,现在已经很少有比我认识他更早的朋友。我们共过患难,同过生死……"

黄警顽爱好武术,学的是"谭腿"。在读书之余徐悲鸿还得到黄警顽的帮助,通过画挂图赚取一些生活费。当时他让悲鸿画了一套《谭腿图说》,推荐到中华书局,共一百多幅。

在黄警顽的帮助下,徐悲鸿接触到当时在上海的周湘,周湘十分赞赏悲鸿。黄警顽在《记徐悲鸿在上海的一段经历》中回忆说:"周湘对于这位青年画家一见如故,初次见面,就畅谈了整个下午。第二次拜访时,他带去了自己的几幅中国画和西洋画。周湘很赏识这些作品,说表现技法已经具备成功的条件,只要再下苦功,在不久的将来,一定会成为一鸣惊人的画家。周湘对欧洲美术史、法国和意大利的各派绘画大师的生平和作品都非常熟悉,读得很多……周湘后来曾把他的一套四本的西洋画册送给徐悲鸿,那是他的一个学生、上海著名绸布号协大祥的老板丁方镇代他印的。"

由于周湘曾留学国外,对外国美术史很熟悉。在周湘的鼓励下,徐悲鸿当时就萌发了出国留学的念头。

在徐悲鸿早年的上海闯荡中,"二黄"对他的帮助至深。徐悲鸿入震旦大学法文系学习期间因感激二人的帮助,曾改名为"黄扶"。

在黄警顽的帮助下,徐悲鸿遇到了大富商黄震之。黄震之见到徐悲鸿的画,十分赞赏,也深深同情徐悲鸿的处境,于是便为他提供住宿并决定帮助徐悲鸿成才。

◎ 黄震之像,布上油画,1926年,84 cm×55 cm,藏于徐悲鸿纪念馆

当时上海的"暇余总会"赌场属于黄震之的地盘,他让徐悲鸿从黄警顽的宿舍搬出,住在赌场里。徐悲鸿可以趁赌场上午没人的时候读书作画,到了下午他就跑出去逛书店,然后去中国

学生会补习法文,到了深夜他就返回赌场休息。成天就这么学啊走啊,没人打扰到他。

可惜单纯的生活并没有维持太久,1915年底,黄震之的生意破产,徐悲鸿不能寄宿赌场,陷入困顿的徐悲鸿只好又回到黄警顽处借宿。也就在那个时候,徐悲鸿决心报考震旦大学。

一天,黄警顽通过好友把徐悲鸿介绍给当时在上海开办审美书馆的高剑父、高奇峰兄弟。徐悲鸿有一次投稿给审美书馆的《真相画报》,后来竟意外得到了负责人高剑父的回信,信中称赞说:"虽古之韩幹,无以过也。"审美书馆决定印刷出售。随后徐悲鸿又有几幅花鸟画和人物画入选并出版。就这样,徐悲鸿成为了审美书馆的特约作者,陆陆续续的稿费也能支撑他的生活了。

◎ 青年徐悲鸿

哈同拜师

1916年初,徐悲鸿考入震旦大学法文系。当时的旧上海,有一座被誉为"海上大观园"的私家花园,花园的主人是犹太人哈同。他是远东第一富豪,1915年,哈同夫妇在爱俪园内设立了仓圣明智大学。这个大学其实是哈同花园里的一所义务学堂,学堂主要以研究中国古代文字、古董和典章制度为主要内容,校长由姬觉弥担任。校名中的仓圣,其实就是创造中国汉字的仓颉。学校奉仓颉为先师,学生入学后,从膳食、住宿到学杂费全部由学校提供。

入学震旦不到两个月,徐悲鸿在《申报》上看到征集仓颉画像的启事,是仓圣明智大学校长姬觉弥想要为仓颉征求一幅画像。悲鸿便根据传说中仓颉生有"双瞳四目"的特征,为这位古代圣人造了一幅水彩画像。

徐悲鸿自己也没料到,他的画能在众多的稿件中脱颖而出。哈同立即请众多名家前来观赏鉴定,就是这一次,徐悲鸿认识了他成才路上最重要的一位恩人——康有为。康有为对徐悲鸿赏识有加,这一次徐悲鸿不仅得到了一笔高额奖金,而且几天后,仓圣明智大学还派车来接他,请他去做兼职教授。

几个月后,徐悲鸿走进哈同花园,这是他人生中的最重要的一个转折点。在仓圣明智大学,不时会有许多社会名流来此讲学,康有为、王国维、陈三立、章一山、邹景叔等都曾经在这里从事教书、研究或编撰等工作。年迈的康有为格外器重徐悲鸿的才华,将徐悲鸿收为入室弟子。在黄警顽的《记徐悲鸿在上海的一段经历》中有这样的描述:"康有为在那时本来已经很少收弟子,但是仍收了徐悲鸿。拜师礼是在新闸路辛家花园康宅举行的,又是我陪他去的,眼看着他在地毯上对康有为叩了三个头……"随后,康有为又将徐悲鸿介绍给王国维等人,并成为他们的座上宾,徐悲鸿由此进入了当时的上流社会。

◎ 康有为(1858—1927)

从此,徐悲鸿的人生道路似乎变得格外的宽阔、平坦。康有为常请徐悲鸿到辛家花园私宅,将自己的全部收藏供徐悲鸿尽情观览,并教授他书法,鼓励他外出学习。

在康府,徐悲鸿饱览了老师收藏的大量图书、古玩、绘画,并在老师的指点下将许多名家碑帖临摹数遍。康有为一边让徐悲鸿尽情地学习,一边还介绍他为自己的家人及友人画像。

"戊戌变法"失败后,康有为流亡国外,看到了欧洲的绘画雕塑艺术,感触很深。他说:"罗马画为全欧第一。"后来他结合明清以来中国画整体衰败的面貌提出了中国画应"合中西以求变,开拓中国绘画新纪元"的思想。徐悲鸿为老师的艺术造诣所倾倒。在《悲鸿自述》中他写道:"南海先生,雍容阔达,率直敏锐。乍见觉其不凡。谈锋既起,如倒倾三峡之水。相与论画,尤具卓见。"①

在震旦大学学习期间,徐悲鸿的艺术主张已十分明确。有一次在和同学盛成聊天时说:"我宁可到野外去写生,完全拜大自然做老师,也绝不愿意抄袭前人不变的章法。"这不能不说受到了恩师康有为的影响。

---

① 徐悲鸿:《徐悲鸿自述》,《徐悲鸿文集》,上海画报出版社,2005年,第32页。

 青年

一　留学日本

人生路上，影响徐悲鸿成长的有许多人，必须要提及的，是曾经给他无限勇气也给他无尽烦恼的女人，这个女人，就是徐悲鸿的第二任妻子——蒋碧薇。

哈同花园里的客人中，复旦大学教授蒋梅笙是徐悲鸿宜兴老乡。蒋碧薇正是蒋梅笙的女儿。其实当徐悲鸿还在宜兴在初级师范教课时，因为和蒋碧薇的姐夫和伯父是同事关系，也拜访过蒋碧薇的父亲。蒋碧薇在18岁那年，随父亲来到了上海。

蒋梅笙是哈同花园的常客。碧薇也经常随父亲一起去拜见各位大师。一次，蒋碧薇偶然遇到了徐悲鸿。当时，徐悲鸿正在哈同花园画室作画，

◎ 青年蒋碧薇

蒋碧薇恰巧经过,四目相对,彼此怦然心动。

后来,当徐悲鸿得知此女子正是复旦教授将梅笙的女儿后,便经常去蒋家串门。蒋梅笙很欣赏徐悲鸿的才华,经常在家夸奖这个贫苦的青年。在蒋梅笙看来,年轻的徐悲鸿拥有如此的才华并且极为用功,今后一定会成就一番事业。潜移默化下,蒋碧薇对徐悲鸿从刚开始的怦然心动变成了心中的情感纠结。因为蒋碧薇在 13 岁时,已与同乡查紫含定了亲。但是,蒋碧薇并没有对查紫含有太多好感,反而由于徐悲鸿经常到蒋家串门,而加深了对徐悲鸿的了解。其实,在 18 岁的蒋碧薇眼中,更欣赏一个敢作敢为的男子汉。当时未婚夫查紫含正在蒋碧薇父亲的大学里上学,一次为了考试,查紫含让他的弟弟去蒋家向未来的岳父求一张第二天要考试的卷子。这使蒋碧薇对查紫含的人品产生了怀疑。

恰在此时,徐悲鸿也纠结于自己的情感。因为除了自己琢磨,他并没有和蒋碧薇单独沟通过,他不知道这个家世显赫的女孩子想法是什么。更何况,蒋家已和查家定亲,查紫含的父亲又曾是宜兴知县,与蒋家是世交,查紫含还是蒋碧薇父亲的学生,这由父母定了的亲事哪能说变就变,在当时退亲几乎是不可能的。后来,当他得知蒋梅笙曾在女儿面前说过一句:"我们要是再有一个女儿就好了"时,痛苦之情更是难以忍耐。眼看着蒋碧薇婚期临近,徐悲鸿将心中的这一秘密告诉了老师康有为。

康有为虽生于封建时代,但他向来主张男女自由恋爱,他的三太太何旃理就是他 1907 年在美国流亡时结识的。康有为告诉徐悲鸿,目前欧洲正在发生战事,况且盘缠也不够,如果要私奔,建议他可以携蒋碧薇先去日本。

在康有为用心为徐悲鸿说服蒋碧薇父母的时候,"红娘"朱了洲在怂恿蒋碧薇和徐悲鸿私奔中起到了决定性作用。后来蒋碧薇在回忆录《我与悲鸿》中说:"有一天,朱了洲先生到我家来,父亲和母亲都不在,他突如其来地问我:'假如现在有一个人,想带你到外国,你去不去?'我听他这么一问,脑子立刻就映出徐先生的影子,这'一个人'和'外国',同时构成强烈的吸引,使我心底的暗潮汹涌澎湃,不可遏止,耳畔仿佛响起嘹亮的喊叫声:'去呀,去!你为什么不去?'我茫然地站着,衡量自己一生中最重要的选择,去不去都将决定我未来的命运,当时我只有一种紊乱与无助的感觉。也许是朱先生猜中了我的心意,他低声告诉我说,这个人就是徐先生,他最近要到法国留学,很想带你一起去。"

朱了洲的出现,改变了徐悲鸿,也改变了蒋碧薇的一生。私奔前一天,朱了洲以请看戏为名,稳住了蒋梅笙夫妇,才使蒋碧薇深夜化装潜出家门去了辛家花园。在康家,康有为设宴为他们饯行,他举杯道别:"祝贺悲鸿与蒋小姐私奔成功!"然后弃杯提笔,深情地写了"写生入神"四个大字,款署"悲鸿仁弟,于画天才也,书此送其行",赠给徐悲鸿。

经过一番策划,徐悲鸿决定于1917年5月秘密携蒋碧薇赴日本写生。为掩人耳目,康有为让徐悲鸿对外宣称说是4月中旬将启程去法国留学,其实让徐悲鸿躲进辛家花园不再外出。

1917年5月14日黎明,蒋碧薇戴着徐悲鸿赠予的水晶戒指,双双远走东瀛。

第二天一早,蒋梅笙夫妇只在房间发现了一张便条,而女儿却不见了。便条中女儿含糊其辞,说是想去自杀。父亲蒋梅笙定神想想,徐先生先前不见了,而今,女儿也不见了,再回忆一下之前的种种迹象,感觉或许与徐悲鸿有关,心里焦急万分。

蒋梅笙认为女儿为私奔已做过充分的准备。相比查紫含,徐悲鸿的前途似乎更加光明一些,蒋家也就默认了,但为了给查家有个交代,要掩人耳目,只能说小女得急病死了,还特地到外地买了一口上好的棺材,又在里面装了石头。就这样,蒋家退了和查家的婚事。

载着徐悲鸿和蒋碧薇两人青春与爱情之梦的"博爱丸"号船由上海到长崎,再转道东京。不久,他们在东京租间小屋住了下来。由于康有为的推荐,一到东京,徐悲鸿便去拜访了中村不折等日本绘画界的前辈。

中村不折年轻时学习油画,后又赴法国留学。当年康有为流亡日本时,与中村不折结下友情。徐悲鸿常常与中村不折用法文交流书画见解,在中村不折那里,徐悲鸿发现日本绘画艺术的根源还在西方。后来,在中村不折的引导下,徐悲鸿一有空就到博物馆观摩作品,与日本书画家交流心得。在日本,徐悲鸿的生活是拮据的,尽管当时哈同花园给的1 600大洋已不是小数,但他遇到喜欢的艺术品时从不会考虑到口袋中的钱,更不会想到下个月的生活费。虽然他们在东京只住几平方米的小房间,可不到半年,他们第一次为吃饭的问题犯愁了。

蒋碧薇后来在《我与悲鸿》中叙述道:

我们在东京住了半年,旅费和生活费用花得不多,倒是徐先生大量地买书买画所费不赀,因此我们带来的两千块钱很快就要用完了。东京居家大不易,再拖下去就得挨饿,于是我们只好在当年11月间,又从东京黯然地回到了上海。

京城励志

带着日本学习的收获和遗憾,徐悲鸿一到上海便去拜访了康有为,期望能继续外出学习。康有为告诉徐悲鸿眼下欧洲战争尚未结束,自费留学并不是他们能够负担得起的,建议徐悲鸿可以先去北京看看,看看是否能够争取到一个官费留学的名额。

而回到上海的蒋碧薇不敢回家。其实蒋家父母早已知道女儿并未自杀,父亲蒋梅笙尽管并不赞成徐悲鸿的举动,但依然看重徐悲鸿的才华。如今他们在日本待不下去,蒋梅笙便也接受了这样一个上门女婿,还经常请他们到家里来吃饭。

在上海没待多久,康有为感觉徐悲鸿是个急性子,便写信给在北京的大弟子罗瘿公,希望他能帮助徐悲鸿。

1917年底,徐悲鸿与蒋碧薇由上海出发乘船到天津,又改乘火车来到了北京。

在罗瘿公的帮助下,第一次到北京的徐悲鸿拜会了当时的教育部长傅增湘。傅增湘一见徐悲鸿的作品便断定他是一位很有发展前途的青年画家,徐悲鸿向傅增湘提出是否可以帮助他争取出国留学名额。

◎ 傅增湘(1872—1949)

傅增湘告诉徐悲鸿世界大战还没有结束,不妨先在北京等一等,看看再学点什么,等战事结束,会给他个机会。

当时,徐悲鸿经友人介绍与一个人合租北京方巾巷四合院内的三间厢房,这个人便是华林。在徐悲鸿等待留学的日子里,华林带他拜访了时任北京大学校长蔡元培。

一生倾心于教育的蔡元培先生主张"美育代替宗教"。他在教育领域所作贡献卓越不凡,在绘画领域也有独到的见解。1918年2月22日,北京大学画法研究会成立。在北大画法研究会的始业典礼上,蔡元培先生进行一场演讲。并特地为此次演讲撰写了《北京大学画法研究会旨趣书》:

> 科学美术,同为新教育之要纲,而大学设科,偏者学理,势不能编入具体之技术,以侵专门美术学校之范围。然使性之所近,而无实际练习之机会,则甚违提倡美育之本意。于是由教员与学生各以所嗜特别组织

之,为文学会、音乐会、书法研究会等,既次第成立矣。而画法研究会,因亦继是而发起。既承本校教员李毅士、钱稻荪、贝季美、冯汉叔诸先生之赞同,复承校外名家陈师曾、贺履之、汤定之、徐悲鸿诸先生之指导,会议数次,遂成立简单如左。所欲请诸会员注意者,画有雅俗之别,所谓雅者谓志趣高尚,胸襟潇洒,则落笔自殊凡俗,非谓不循规矩,随意涂抹,即是以标异于庸俗也。本会画法,虽课余之作,不能以专门美术学校之成例相绳。然既有志研究,且承专门导师之叔率,不可不以科学之精神贯注之。庶数年以后,成绩斐然,不负今日组织斯会之本意,与诸导师热心提倡之盛意焉。

这时,他见徐悲鸿画艺精湛,因北大画法研究会刚成立一个月,导师名额未满,便聘任刚满23岁的徐悲鸿为画法研究会导师。同时被聘到北京大学画法研究会的,除了徐悲鸿之外,还有陈师曾、李毅士、钱稻荪、贝季美、冯汉叔、贺履之、汤定之,以及比利时人盖大士(kets)等。就这样,徐悲鸿一面在北京大学从事教学,一面等待官派留学名额。

在中国画革新问题上,徐悲鸿明确提出:"古法之佳者守之,垂绝者继之,不佳者改之,未足者增之,西方绘画采入者融之。"[①]徐悲鸿的写实主义以及借鉴西洋美术改革中国画的主张深得蔡元培认可。在1919年10月北京大学画法研究会的第二次始业

---

① 徐悲鸿:《中国画改良论》,《绘学杂志》1920年6月1日

典礼上,蔡元培又有如下表述:

> 今日为画法研究会第二次始业式。人数视前加增,是极好的现象。此后对于习画,余有二种希望,即多作实物的写生,及持之以恒二者是也。中国画与西洋画,其入手方法不同。

> 中国画始自临模,外国画始自实写……今世为东西文化融和时代,西洋之所长,吾国自当采用……

◎ 西山古松柏图,纸本设色,1918年,85 cm×51 cm,藏于徐悲鸿纪念馆

年轻的徐悲鸿是画法研究会中最年轻的导师,他主教人物画和水彩画。

关于中国画的改革问题,早在1917年,康有为在《万木草堂论画》中就有论述:"近世中国画衰败极矣,此事亦当变法。"显然康有为是不看好文人画的。徐悲鸿因受老师的影响,再加上游日期间已初步接触了西洋美术,于是在担任画法研究会导师期间发表了《中国画改良论》。在《中国画改良论》一文中,他一开篇便提出了著名的中国画退步论:

> 中国画学之颓败,至今已极矣。凡世界文明理无退化,独中国之画在今日,比二十年前退五十步,三百年前退五百步,五百年前退四百步,七百年前退千步,千年前退八百步。民族之不振可慨也夫。夫何故而使画学如此其颓坏耶?曰惟守旧;曰惟失其学术独立之地位……

1918年的10月,徐悲鸿听说同在北大任教的朱家骅先生将从北平启程赴欧洲,便坐不住了,马上就去见傅增湘先生,责备傅增湘先生说话不算数,说朱先生要走了,自己却还不能成行。

傅增湘总长解释说:"这次派出的两个人仅是考察不是留学,你再等一等。"可是到了家的徐悲鸿依然心中不快,又给傅增湘写了封信,措辞尖刻。

1918年11月,欧洲战争平息了,徐悲鸿因为曾经责骂过傅增湘,已对留学不抱有太大希望。尽管傅增湘当时看完那封信后非常生气,但他毕竟是个不计前嫌的人,在中国选派留学生计划再次启动之后,傅增湘履行了他给徐悲鸿的承诺,为他争取到了官费生赴法留学名额。

巴黎追梦

徐悲鸿终于实现了他求学巴黎的梦想,他可以到梦寐以求的艺术圣地拜见大师们的原作了!

1919年3月,热血沸腾的徐悲鸿携蒋碧薇从上海乘船赴法,1919年5月8日海轮抵达伦敦,徐悲鸿与蒋碧薇参观了大英博物馆、国家画院以及皇家画会展览会。两天后抵达目的地巴黎。

刚到巴黎的徐悲鸿,满脑子都是求学的想法。此时的他与其他中国赴法留学生有一个很大的不同,因为他已经是一个艺术家了,是带着明确的融会中西、改良国画的目的来到艺术之都法国的。他先后在法国各大博物馆学习西方绘画的写实精华,只作笔记,不作绘画训练。1919年秋,他进入徐梁学院研习素描。

20世纪的西方绘画已经历了古典主义、印象主义,到了现代派百花齐放的时候。当时现代绘画之父塞尚过世,印象派马奈、德加也过世了,雷诺阿已到暮年,只有莫奈健在。此时法国现代派画家毕加索、马蒂斯最为活跃。传统绘画与"反传统"绘画各占了法国绘画界的半壁江山。但在徐悲鸿的眼中,最看重的是写实艺术,他要在法国学到最好的写实绘画艺术,将它带回中国。徐悲鸿在赴法前并没有经过十分严格的素描训练,但是要考巴黎国立高等美术学院,需要相当好的素描功底。徐悲鸿的目标当然是进入最好的美术学院,于是他开始临摹普吕东、委拉斯凯兹、伦勃朗等大师的作品,几乎到了废寝忘食的地步。

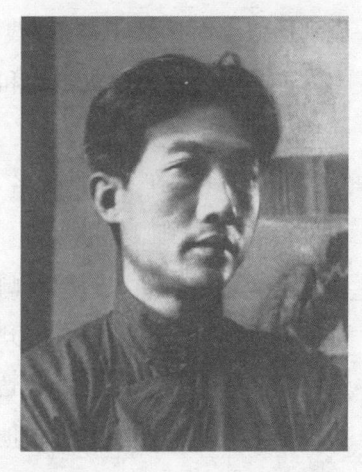

◎ 徐悲鸿在法国

1920年4月,经过几轮考试,他以优异的成绩考入法国国立高等美术学院。如今,在美术学院的档案馆中依然保留着徐悲鸿入校的档案。在新生签名簿上,徐悲鸿名字后面用鹅毛笔清楚地记录着:出生地:宜兴(中国),导师:F. 弗拉孟,被画室接纳时间:1920.11.15,参加入学考试时间:1921.4.4,被允许开始学习时间:1921.5.13。

徐悲鸿是巴黎国立高等美术学院第一个以高分考入的中国学生,他的留学机会来得太不容易了,他倍加珍惜这宝贵的学习机会。课余,他便到卢浮宫和卢森堡美术馆研究各位大师的作品。在美术馆,徐悲鸿经常一待就是一天,一天只吃一块干面包。慢慢地,他的绘画造型能力产生了质的飞跃,从之前的努力做到形似进而达到了神似,线条愈发果敢,色彩也更富有生命力。但是因为食物冷热不均和长期饥饿,徐悲鸿落下了胃疼的病根。

1920年冬,在一次文化名人茶会上,雕刻家唐泼特把徐悲鸿引见给当时法国画坛的泰斗、公认的画坛领袖达仰·布佛莱。徐悲鸿知道达仰是法国国家画会领袖,主张在吸收各派之长的基础上创新,便立即拜达仰为师。从此,达仰成为了徐悲鸿艺术道路上又一个引路人。当时,达仰已有67岁,他欣赏这位年轻的中国学生千里求学的执著,请他到自己的画室看了大量的素描和油画,徐悲鸿也仿佛从达仰身上看到了父亲徐达章的坚持和毅力。

在徐悲鸿看来,中国并不缺乏写意精神,缺乏的是科学的写实训练。这是他在赴法求学前就已认识到的。他始终不渝地坚持着写实这一目标,以至于在20世纪20年代末引发了一场与徐志摩的争论。

◎《达仰像》徐悲鸿作

留法时期的徐悲鸿精神上是富有的,生活上却是拮据的。当时一战已经结束,但因为中国留学生的留学官费来自北洋军阀政府资助,军阀混战使得留学生的官费时常中断。这样徐悲鸿与蒋碧薇有时连吃饭都成问题。然而作为艺术家的徐悲鸿自幼贫苦,挨饿已不是他所担心的,每当看到喜欢的书籍图片还是忍不住大量购买。蒋碧薇也已经不是当年私奔时候的娇女儿了,她陪徐悲鸿读书,另外还帮助他人缝补衣物挣点生活补贴。

徐悲鸿由素描班升入油画班后,请不起模特,要么就画自画像,要么就画家中的蒋碧薇。此时,在徐悲鸿的画中,透露出的是浓浓的爱和纯真的艺术之情,徐悲鸿给蒋碧薇画了大量的素描与速写,并常以此为蓝本画油画。

1921年夏,中国留学生的学费中断了,很多留学生都考虑回国。可徐悲鸿不愿半途而废。此时德国因战败通货膨胀,马克贬值,法郎在德国可增值数倍。于是,他同蒋碧薇商量后搬家到了柏林。

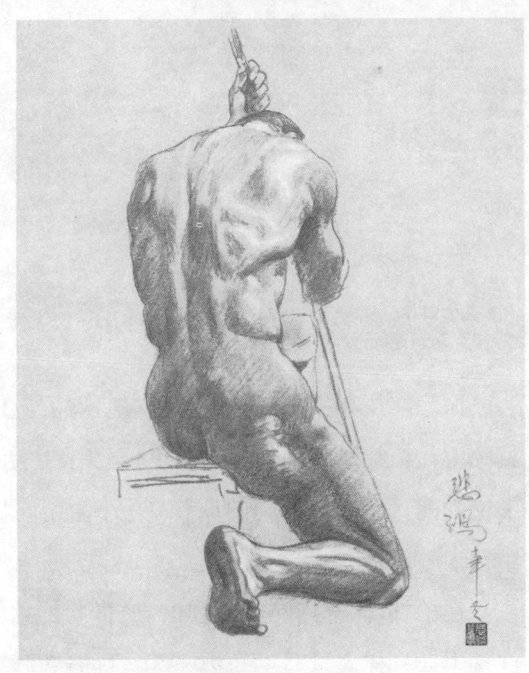

◎ 人体习作,炭笔素描,1921年,48 cm×31.5 cm,藏于徐悲鸿纪念馆

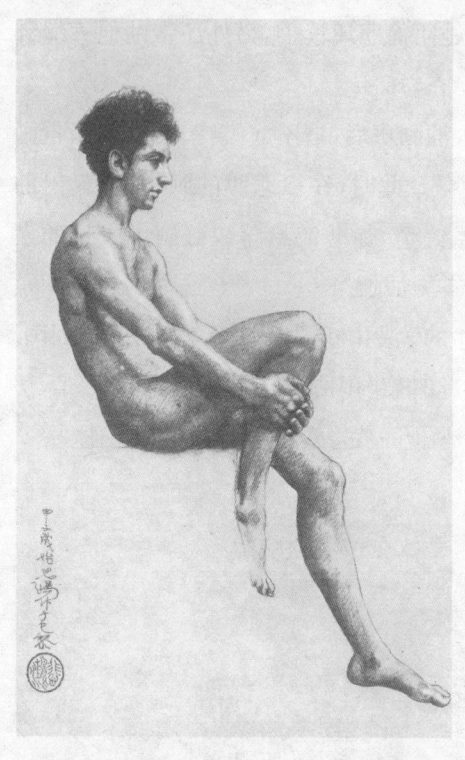

◎ 人体习作，炭笔素描，1924年，50 cm×32.5 cm，藏于徐悲鸿纪念馆

徐悲鸿住在柏林"唐人街"里，他依然与在法国一样，天一亮就到博物馆临摹大师们的作品，风雨无阻。在这里，他亲眼看到了伦勃朗、门采尔、丢勒的原作，另外他还向柏林美术学院院长康普求教。

在柏林，徐悲鸿除了博物馆，最喜欢的地方就是动物园。他像鲁本斯一样大量写生动物，除了马的速写，徐悲鸿对狮子研究也相当深刻。他为了观察狮子的各种姿态，数月观察分析狮子的站、卧、走、跃及捕食等的姿态形象,所画速写达千张。

1923年,徐悲鸿重新获得留学经费,立即返回巴黎拜见达仰。当达仰得知徐悲鸿的油画作品《老妇》第一次入选法国国家美展时说:"人须有受苦的习惯,求学也一样……未历苦境的人往往缺乏宏大的志愿。最大的作家多是毅力最强的人,所以能达到很高的成就,为人类申诉。"达仰告诉徐悲鸿他依旧每天从太阳升起工作到太阳下山,周末也不休息。并叮嘱徐悲鸿素描的训练不能停,油画人体时务必要作局部研究,准确剖析,千万不能耍小聪明,以追求漂亮的笔触失去了绘画的本质。对绘画早已是得心应手的徐悲鸿依旧遵从达仰的教导,潜心研究素描和油画,当年,有作品《怅望》《琴课》《抚猫人像》《远闻》等问世。

◎ 作品《抚猫人像》,1924年

◎ 老人像,木板油画,1924年,34.5 cm×25.5 cm,藏于徐悲鸿纪念馆

◎ 老妇像,纸板油画,1922年,34 cm×26 cm,藏于徐悲鸿纪念馆

一心徜徉于艺术大海之中的徐悲鸿眼中只有画,生活的窘迫在他看来是换取艺术长进的必要代价。然而大家闺秀的蒋碧薇从来没有过这样的经历,她想要一个体贴自己的丈夫,但是她并不爱艺术。久而久之徐悲鸿的艺术之心让蒋碧薇饱尝生活的艰辛,在蒋碧薇的回忆录里记录着:

徐先生刻苦好学,努力奋斗向上的精神,是我一直都很佩服的。徐先生在赴法国以前,绘画艺术已有相当造诣,入学后更废寝忘食地潜心攻习。每天上午他在学校素描班画石膏,下午学校没有课,他便去叙里昂研究所画模特儿。除了勤学不辍,他一有空就到各大博物馆流连徘徊,欣赏古今画苑的珍品。他最喜欢在回家途中绕道塞纳河边,那里是旧书、古版、印画的集散地,他经常浏览搜求,一耽搁便是好几个钟头。

一次,在徐悲鸿因"画室玻璃房顶被冰雹打碎,按契约规定由自己赔偿"而四处借款的时候,他遇到了当时中国驻巴黎的总领事赵颂南。赵颂南当即送他500法郎以解燃眉之急,感激之下徐悲鸿画了一幅油画《赵夫人像》送给赵颂南。这是一张徐悲鸿在法国时比较满意的作品。后来他在《悲鸿自述》中写下了绘制此油画时的心情:"我学博杂,至是渐无成见,既好安格尔之贵,又喜左恩之健,而己所作,欲因地制宜,遂无一致之体。我于赵夫人像,乃始能作画前,决定一画之旨趣。有从容暇逸之乐。"

当时,在法国的众多中国学生中,赵颂南尤对两个江苏小老乡印象最深,一个就是官费留学的徐悲鸿,另一个是勤工俭学的周恩来。

◎ 人体习作,炭笔素描,1924年,50 cm×32.5 cm,藏于徐悲鸿纪念馆

1924年的一天,徐悲鸿在巴黎公社社员墓碑前写生,遇到了前来凭吊的周恩来。周恩来比徐悲鸿小5岁。或许是两人都是

江苏人的原因,口音相近,尽管彼此学习方向不同,但是他们救国之心是一致的,两人聊得非常投缘并一起合影。后来徐悲鸿学成归国,直到抗战结束,他们再也没见过面,但周恩来始终非常关注徐悲鸿。

◎ 人体习作,炭笔素描,1925年,47 cm×33.5 cm,藏于徐悲鸿纪念馆

1925年,在赵颂南的引荐下,徐悲鸿认识了来欧洲考察的黄

孟圭。当时黄孟圭正好在美国哥伦比亚大学修完教育学硕士学位,转赴欧洲考察。两人见面当天就谈了四个小时。那时徐悲鸿在法国已有六年,黄孟圭认为徐悲鸿以一人的官费应付自己和夫人蒋碧薇两人的生活十分艰辛,好在学有所成。但如今留学官费中断,回国的旅费便是个问题。

第二天,余兴未消的黄孟圭又去找徐悲鸿,并建议徐悲鸿去南洋办画展,于是便写信给在南洋兄弟烟草公司新加坡分公司任总经理的二弟黄曼士,希望他帮助徐悲鸿。黄曼士欣然接受了。

1925年,徐悲鸿抱着展示绘画和筹措资金的希望第一次离开蒋碧薇远赴新加坡。

在新加坡,徐悲鸿住在芽笼区35巷的黄氏住宅"百扇斋"内。"百扇斋"主黄曼士喜好艺术,尤其喜欢收集扇画,当时黄曼士收藏名家折扇画已逾百件,故以"百扇斋"为名,后又改为"江夏堂"。

徐悲鸿结识了主人黄曼士夫妇,他们安排徐悲鸿为南洋侨领陈嘉庚、富商黄天恩等人画像,接济当时留在法国的蒋碧薇。于是,30岁的徐悲鸿暂时在新加坡落脚。当时的"江夏堂"如同一个坐落在花园里的房子,南洋的气候让"江夏堂"时刻都能闻到芳草的清香,徐悲鸿在这个南洋特有的舒适环境中可以欣赏满园的奇花异木,除了画画还常常参观黄曼士收藏的大量书画作品,与他交流养花心得。

的确,芽笼区的环境提供给徐悲鸿一个良好的创作的空间,在那里,他留下了大量的书画作品。1925年至1942年,徐悲鸿又多次到过新加坡，都住在黄曼士的江夏堂，为黄曼士画了上百幅奔马，使得黄氏兄弟成为海外收藏徐悲鸿书画最多的藏家。

欧阳兴义在《悲鸿在星洲》中写道："粗略统计，1939年新马展售的作品已达四五百幅，在江夏堂为赴美展览所作约300幅，赠黄曼士昆仲约200幅，合计已千幅之多。"

新加坡在日治时期，黄曼士曾冒着生命危险保护徐悲鸿为抗日筹款而创作的画作。他把徐悲鸿画上有关抗战的题字刮去。如黄曼士《藏画目录》中记载："编号27的《奔马》。徐悲鸿题：闻台儿庄大战胜利，悲鸿写此志喜。"黄曼士记："此画在日寇陷星时将大战胜利等字刮去，藉以保存原画，并避危险。"

在黄曼士的帮助下，徐悲鸿在新加坡筹款成功，收入颇丰，于1926年1月，乘坐法国"爱纳克"号回到了上海。也就在这艘邮轮上，年轻的徐悲鸿遇到了林风眠。他俩虽同时留学法国，又曾经先后就读于同一个美术学院，在经济困难时又先后赴德，但两人似乎并没有过多少交流。

其实，两人同乘这条船回国都是为了就任北京艺专校长之职。徐悲鸿在出国前就是有一定名气的艺术家，此时，蔡元培已多次催促徐悲鸿回国。后来徐悲鸿自述：

> 1925年秋间，忽偕张君梅游巴黎画肆……会闽中黄孟圭先生倦游欲返，素与友善，因劝吾同赴新加坡。时又得蔡孑民（元培）介绍函两封，因决行。

后来，因徐悲鸿在新加坡的耽搁，蔡元培又推荐在法的林风眠任北京艺专校长,但1925年过完圣诞节就回国的林风眠并没有接到蔡的通知。

船一靠岸,田汉和一些文艺界人士都在码头迎接徐悲鸿。此时码头上有学生喊着"欢迎林校长回国",林风眠才得知自己已被任命为北京艺专的校长。不久便北上就职了。

徐悲鸿一到上海,田汉就要求他在"梅花会"期间举办一个个人画展。这次展览赢得了上海文艺界的高度认可,蔡元培更是逐一细细欣赏。康有为曾写道:

> 徐悲鸿十年前为我及文慎公、沈子培尚书写像,惟妙惟肖。其于画,盖天才也……精深华妙,隐秀雄奇,独步中国,无以为偶。

此时,扬名上海的徐悲鸿对远在法国的妻子无限牵挂。在上海没待多久,他便回到了法国。

到法国的徐悲鸿不但没有得到妻子的热情迎接,反倒两人争吵了一番。苦等了近一年的蒋碧薇并没有看到徐悲鸿带来多少钱款,徐悲鸿带回的钱没有信中说的那么可观,自然蒋碧薇非常不满。不到一年,他们又到了揭不开锅的地步。徐悲鸿只能再次前往南洋,筹集回国旅费。

两个月后,再次回到法国的徐悲鸿携蒋碧薇游览了瑞士和意大利。在意大利,徐悲鸿第一次看到了米开朗琪罗、拉斐尔等大师的宏伟巨作,视野大开。也就在这一年,徐悲鸿完成了传世之作——《箫声》。

在作品《箫声》中,徐悲鸿有意无意地探索着油画的中国特色。尽管他多次强调"中西分璧",但是此画从构图、色彩及人物的意境传达上都带着鲜明的东方特色。

徐悲鸿在作品中取女子侧面,坐于画面左侧,此幅作品得于素描写生,但与徐悲鸿其他写生作品略有不同,这是一张成功的创作。我们仿佛能在画作中听到女主人公悠扬的箫声,右侧的老树苍劲而凝练,远方隐约可见的白鹭也透露出身在异国他乡的徐悲鸿的思乡之情。

◎ 作品《箫声》,1926年

在此幅作品中,徐悲鸿所画的女子以妻蒋碧薇为模特儿,后来法国诗人保尔·瓦莱里在《箫声》的素描稿上题诗,盛赞徐悲鸿的笔法之妙,情感之真。徐悲鸿对这幅作品也十分满意,后来他曾在中央美院对学生说:"画家要判断自己的作品时,只需要将自己的作品放在世界级大师的油画旁边……《箫声》这张画跟伦勃朗的画摆在一起,还站得住。"

◎ 箫声稿,炭笔素描,1924年,48 cm×31.5 cm,藏于徐悲鸿纪念馆

　　徐悲鸿的情感是真实的,留法期间尽管爱人蒋碧薇和自己生活的态度存在着巨大的差异,但他还是以蒋碧薇为模特,画了大量的素描和油画作品。这一类作品中蕴含的纯真和挚爱,或

许在他回国后的许多画作中都不曾有过。

　　徐悲鸿的刻苦勤奋让他成为了第一个顺利通过巴黎国立高等美术学院全部结业考试的中国学生。1927年春,他告别了比他年长43岁的老师达仰,踏上了回国的海轮。

壮年

一　从南国社到中央大学

1927年8月,徐悲鸿结束了长达八年的留学生涯,途经新加坡回到上海。此时,蒋碧薇已身怀六甲,她在等待徐悲鸿的回音。

八年的卧薪尝胆,让徐悲鸿掌握了精湛的绘画技法。回到阔别的祖国,他决心投入美术教育事业,把西方的绘画真谛带给国人。

1927年,田汉得知好友徐悲鸿回国,便雄心勃勃地邀请其与当时同在上海的欧阳予倩一起筹备"南国社"。

1927年岁末,田汉和欧阳予倩、徐悲鸿等在霞飞路霞飞坊徐悲鸿家召开了"南国复兴运动大会"。成立了"南国社",商讨并拟定了《南国社简章》,设立七个部,分别为:总务、文学、绘画、音乐、戏剧、影片、出版。并设立由7人组成的委员会,田汉任委员长。《南国社简章》的宗旨为:"团结能与时代共痛痒之有为青年作艺术上之革命运动。"

1928年1月18日,田汉辞去"上海艺大"校长职务,成立了"私学"的、以"培植能与时代共痛痒而又有远见实学的艺术运动人材以为新时代之先驱"为宗旨的南国艺术学院。学院设立了文学、戏剧、西画三个部,田汉为院长兼文学部主任,欧阳予倩是戏剧部主任,徐悲鸿为西画部任主任。学生共有60人,其中西画科有吴作人、吕霞光、刘菊庵等。田汉还特地为徐悲鸿提供了一个画室。

南国艺术学院成立不久,南京国立中央大学选派了几位学生到上海与徐悲鸿接洽,希望能请他到南京国立中央大学任教。薪水是每月三百大洋,徐悲鸿当即同意,但同时也提出一个条件,因为家在上海,他也希望在南国艺术学院继续任课,每个月只能有一半的时间留在南京。中央大学答应了。

1927年底蒋碧薇返国。12月26日,徐悲鸿迎来了与蒋碧薇的第一个孩子。徐悲鸿给儿子取名"伯阳",蒋碧薇在回忆录里写道:

> 1927年12月26日,我们的长子伯阳出生。徐先生对伯阳钟爱万分,我更是自己喂奶自己带,把全部精力都放在孩子身上。回想过去十年的坎坷艰辛,我常常想,像我这样结合十年方始有"家"的女人,世间恐怕不多,此后,上天总不会再把我的幸福快乐剥夺了吧?——如今徐先生是一位声名鹊起的画家,身体健康,精力充沛,正站在他未来康庄大道的起点,用他这支如椽画笔,辟出他的远大前程,我将为他而骄傲。

◎ 伯阳和丽丽，布上油画，68 cm×46 cm，藏于徐悲鸿纪念馆

1928年农历2月20日，正逢田汉30岁生日。当晚，徐悲鸿与田汉商量，决心创作一系列描写中国历史题材的宏伟巨幅油画。题材都已选定，他要用写实主义的手法歌颂中国人民"富贵不淫、威武不屈"的精神。

蒋碧薇曾在回忆录中描述："1928年开始，悲鸿除了去中大教课外，全力创作取材于《史记》田横故事的大幅油画《田横五百士》。"

壮年 / 051

田横是秦末齐国旧王族后裔,继田儋之后为齐王。陈胜吴广起义后,田横与兄田儋、田荣也反秦自立,兄弟三人先后占据齐地为王。后汉高祖刘邦统一天下,田横同他的五百战友孤守于一岛上,不肯称臣于汉。刘邦希望将其招安。田横与他两位部下乘船赴洛阳,为保全岛上五百人的性命,田横在途中距洛阳三十里处立下遗嘱便自刎而死。后来汉高祖派人去招降岛上的五百人,但他们听到田横自刎,都蹈海而死。

徐悲鸿选取了田横在岛上与五百壮士诀别的场面。并为画面中的所有人物都画了精确的素描稿。

徐悲鸿的女儿徐静斐曾回忆说:

> 在我父亲的《田横五百士》中,田横是当时以田汉的形象为主画的。其中有一个妇女抱一个小女孩蹲在地上,那是我母亲和我给他当的模特儿。我父亲画了几十个人的素描,然后根据素描再画。

◎ 作品《田横五百士》,1930 年

1928年7月,应老朋友黄孟圭的邀请,徐悲鸿一家乘船南下至福州。黄孟圭时任福建省教育厅长,老友相见甚是开怀。高兴之余,他邀请徐悲鸿画几张大幅油画,其中最重要的是《蔡公时济南被难图》。徐悲鸿很高兴地答应了。蒋碧薇回忆:"到了福州,孟圭先生就在教育厅里为我们准备了两间卧室,还指定了照应侍候的人。于是徐先生开始安心作画。"

蔡公时是福州人,也是民国以来第一位抗日烈士。1928年,南京国民政府北伐,5月1日与日军在济南发生冲突,5月3日,蔡公时率领外交随员来到济南与日军交涉,不幸和交涉署的十余随员全部被枪毙,是为"五三惨案"。

◎《蔡公时被难图》草图

两个月后,徐悲鸿完成了著名的《蔡公时被难图》,于9月间回上海。此时,他接到北平大学校长李石曾发来的聘书,请他担任北平大学艺术学院院长一职。此时,儿子伯阳尚不满周岁,徐悲鸿只能一人前往北平。

北平大学艺术学院是由蔡元培创立,是近代中国最早建立的一所美术学校。原名北京美术学校。1926年林风眠任校长期间,他把齐白石请来艺专任教。后来,齐白石在《白石老人自述》中写道:

> 民国十六年(丁卯,1927),我六十五岁,北京有所专教作画和雕塑的学堂,是国产的,名称是艺术专门学校,校长林风眠,请我去教中国画。我自问是乡巴佬出身,到洋学堂去当教习,一定不容易搞好的。起初,我竭力推辞,不敢答应。林校长和许多朋友,再三劝驾,无可奈何,只好答允了,心里总多少有些别扭。想不到校长和同事们,都很看得起我,有一个法国籍的教师,叫克罗多,还对我说过:他到了东方以后,接触过的画家,不计其数,无论中国、日本、印度、南洋,画得使他满意的,我是头一个。他把我恭维的不得了,我真是受宠若惊了。学生们也都佩服我,逢到我上课,都是很专心地听我说,看我画,我也就很高兴地教下去了。

林风眠在北京艺专的艺术运动很快让他成为了"赤化校长",在张学良的帮助下才得以保全性命,1927年7月林风眠辞职南下。同年秋,学校与其他七校合并为北平大学,称艺术院。1928年,徐悲鸿接任院长。

齐白石又写道:

民国十七年（戊辰，1928），我六十六岁。……国民革命军到了北京，因为国都定在南京，把北京称作北平。艺术专门学院改称艺术学院，我的名义，也改称为教授。

徐悲鸿任院长期间，再三坚持聘齐白石为教授，并极力推进中国画教学的革新。这两位大师无论是家庭出身还是艺术学习经历都完全不同。齐白石是一位完全在中国画传统中寻求艺术创新的画家。当时教授名额紧张，徐悲鸿为继续聘用齐白石教授国画，曾三顾草庐，从这一点可见徐悲鸿对齐白石的推崇，也足以证明他的艺术包容心。

徐悲鸿请齐白石出任北平艺术学院教授期间，对齐白石的生活也是照顾有加，经常亲自乘着马车把齐白石接到学校上课。从此，齐白石与徐悲鸿两人成了忘年交。

在齐白石赠与徐悲鸿的《月下寻归图》中，就有题诗：

草庐三顾不容辞，何况雕虫老画师。海上清风明月满，杖藤扶梦访徐熙。

但在北平大学不到三个月，徐悲鸿就辞职了。在郑重先生的著作《林风眠传》中，记录了徐悲鸿在北平大学无奈离去的原因，其中不排除误会，这误会多少也成为今后徐悲鸿与林风眠互不往来的原因：

我在巴黎期间，曾访问过赵无极和朱德群，他们都曾在国立杭州艺专读书，毕业后又都留校任教，谈到林风眠和徐悲鸿的关系时，他们都说：林先生和徐先生是当时画坛上两位领袖人物，又同时留学法国，但互不往来，当时就引起艺术界的关注，已成一个敏感话题。1940年任国立艺专的吕凤子，是徐悲鸿的朋友，和林风眠也相识。吕凤子曾在同事中谈过林风眠、徐悲鸿之间的几个误会：一是蔡元培虽坚持与北京政府不合作，但仍很关心北京艺专的命运，几任校长不能称职，蔡元培向北京政府教育部长易培基推荐的校长是徐悲鸿，而不是林风眠，并为徐悲鸿写了推荐信。徐悲鸿持蔡元培的介绍函两封，其中有一封就是推荐他当校长的介绍信。由于徐悲鸿有新加坡之行，迟迟没有到任，蔡元培又推荐林风眠，而林风眠得到蔡元培的推荐，很快即动身回国。船过新加坡时，他们又不期而遇。林风眠、徐悲鸿同船的情景如何？谈了些什么？各人的心境又如何？我们就无从知道了。二是，1927年，林风眠辞去北京国立艺专校长之职南下，1928年，蔡元培主持的大学院，在任命林风眠为国立杭州艺专校长的同时，又任命徐悲鸿为北京艺术学院院长。1927年，林风眠辞职后，北京艺专编入国立北平大学，称艺术院。但学生仍然要求林风眠北上任院长，闹起了风潮，徐悲鸿到任不久即辞去院长之职。此事引起徐悲鸿的不满，认为是林风眠在背后作祟。还有就是1928年春，田汉和徐悲鸿带领南国艺术学院学生去杭州演出,遭到学生的反对,此事也产生了误解。

于是,徐悲鸿南下,继续往返于中央大学与南国艺术学院。

南国艺术学院的教学带有义务性质,有时甚至连来往的路费还要徐悲鸿自己掏。在南国艺术学院上课期间,徐悲鸿一下课便躲进画室,继续创作《田横五百士》,此外徐悲鸿还画了很多现实主义作品。

徐悲鸿的成功在于他极度热爱绘画艺术,这也成为他与妻子蒋碧薇的矛盾起点。其实,在南京的蒋碧薇早就不满徐悲鸿在南国艺术学院的义务教学,夫妻之间因此事就有过多次争论,作为女人的蒋碧薇在饱受饥寒之苦的伴读生活后非常希望能尽快摆脱经济拮据。尽管中大以每月法币300作为教授工资,但他们的经济状况并不好。1929年4月,蒋碧薇趁着徐悲鸿回南京上课,雇了一辆车将南国艺术学院画室中的所有东西都搬走了,并告诉学院里的人,徐悲鸿马上要举家搬到南京定居,不会再来这里上课了。

徐悲鸿对蒋碧薇不和自己通气的做法非常生气,田汉也不知这是蒋碧薇一人之意,对徐悲鸿多有埋怨。但毕竟徐悲鸿满脑子里装的都是画,不是一个喜欢记仇的人,田汉也终因与徐悲鸿志趣相投,没过多久又都和好了。

徐悲鸿离开南国艺术学院时,还带了两个他最看重的学生去中大旁听,一个是吕霞光,另一个是吴作人。在徐悲鸿举家搬到南京后不久,主持苏州美专的颜文梁约请徐悲鸿前去讲学。

于是徐悲鸿与蒋碧薇一同前往。此次同行,客观上也缓和了蒋碧薇因这次贸然举动与徐悲鸿之间形成的感情隔阂。

因为专职在南京国立中央大学艺术系任教,当时并没有多少钱的徐悲鸿和蒋碧薇只能把家安在了中央大学宿舍内。另外,中大校园内还有徐悲鸿的一个画室。于是,徐悲鸿在中大除了教课,其余时间都置身于画室,继续完成从南国艺术学院带过来的《田横五百士》。

南京师范大学美术学院与当年徐悲鸿执教的中央大学艺术系是分不开的。由国立中央大学更名的南京大学经1952年全国高校院系调整,和金陵大学统一调整出工学、农学、师范等部分院系,分别成立了南京大学、南京工学院、南京师范学院等。徐悲鸿执教的原中央大学艺术系划入南京师范学院美术系。至今南京师范大学美术学院中还珍藏着徐悲鸿当年从法国带回来的一批大型石膏像。其中就有《维纳斯》全身像、米开朗基罗的两个全身《奴隶》像,还有《斗士》、《掷铁饼者》。现在国内许多艺术学院的大型石膏像都是以这几个塑像为模版翻出来的。如今我们依然能听到有关徐悲鸿在美术教学中"一刀切"的说法,凭心而论,近百年下来,中国赴欧洲的学子中,有多少人能够考虑到自己在国外深受艺术熏陶之后,还能想着除了带回无形的艺术知识,还能为广大国内学子带回一些看得到、摸得着的艺术实体呢?这些重达数吨的石膏像早已成为南京师范大学引以为豪的收藏,同样宝贵的还有那些在尘封的资料室里发了黄的有徐悲鸿标注的老教材。

当时的中央大学艺术系除了徐悲鸿外,还有吕凤子、汪采白、陈之佛、张书旂等人，艺术氛围很好。

徐悲鸿的《田横五百士》从构思至完成，熬过了近800个日日夜夜，终于在1930年完成了。

1930年元月，徐悲鸿将他这幅刚完成的《田横五百士》在中央美术会画展中亮相。就在这天，有个叫孙多慈的安庆女孩不经意进入了展厅。展厅里琳琅满目的绘画让这位并不懂艺术的年轻姑娘仿佛进入了大观园，目不暇接。在油画展厅，孙多慈被一张尺幅巨大、色彩绚丽而凝练、人物形象生动饱满而整体气氛悲壮的画所吸引。凭借自己小时候的历史知识，她判断这就是《田横五百士》的故事。果然，在画作下方标注着："作品名称《田横五百士》，作者：徐悲鸿。"

孙多慈细细地欣赏着这张带给她巨大视觉冲击力的作品，想到此时父亲孙传瑗正在南京老虎桥监狱遭受牢狱之苦，百感交集。显然，徐悲鸿苦心经营了整幅画面的构图安排，每一个人的眼神、动作，每一片云彩，每一件道具都只为营造出"富贵不能淫、威武不能屈"的主题。此时，这幅油画冥冥之中赢得了打算要考中大中文系的孙多慈的心。她突然想到要学绘画了。

那一年，孙多慈报考中大中国文学系落榜。孙多慈的父亲是个思想开明的人，他尊重女儿的选择，答应她选择走绘画的路，并写了封信给当时的校长宗白华。宗白华与孙传瑗有很好的交情。不久，便安排孙多慈去中央大学艺术专修科做旁听生。

在中大旁听的孙多慈一开始没有绘画基础，与其他同学一样，并没有显示出多少才气。但几个月下来，徐悲鸿便发现了她超强的形象把握能力和概括能力，随着绘画技术的日渐熟练，徐悲鸿也不再吝啬对她的赞美,多次在全班同学面前高度赞扬她的才华。

不久,徐悲鸿得知31岁的留法好友盛成尚未结婚,于是在盛成回来前,徐悲鸿约孙多慈到他的画室亲自给她画肖像。徐悲鸿煞费苦心地安排盛成第二天到他画室去。第二天,在中央大学画室,盛成见到了正在作画的徐悲鸿。在中途休息时分,徐悲鸿热心地说:"画中女子就是我的学生,画得很好,品貌双全。"

但盛成似乎并不觉得模特孙多慈有多漂亮,虽然挑不出什么毛病,也没有留下太多的印象,于是婉言拒绝了徐悲鸿的好意。不过徐悲鸿的一番好意倒让睿智敏感的盛成看出了些什么,他话锋一转,告诉徐悲鸿:"孙同学长得不错,但他对我没感觉,怕是已心有所属了。"

徐悲鸿并不是一个善于隐瞒感情的男子。1930年,当他发现自己已经坠入爱河后急忙写了一封信寄给了当时在苏州的蒋碧薇。信中他如实表达了自己的情感,并愧疚万分。

蒋碧薇在回忆录中写道:

> 对我个人来说,1930年是一连串不幸的黑色岁月,许多重大的变故都在那一年里发生。4月间,丹麟弟病势沉重,咳血不止,三个多月后终告不治。到了11月初,姑母又一病不起,与世长辞,亲人的离去使我伤心万分。
>
> 正在心情沉重的时候,接到徐先生的来信,催我回南京。他在信上说,如果我再不回去,他可能要爱上别

人了。

当晚,徐悲鸿向蒋碧薇坦白了自己的感情。蒋碧薇后来说:"她的名字叫孙韵君,今年十八岁,安徽人……尽管徐先生不断地向我声明解释,说他只是看重孙韵君的才华,想培植她成为有用的人才。"

此后很长一段时间,徐悲鸿总是一清早起来,给孩子热好牛奶和山芋,吃完早饭就去中大上课了。上完课就在画室画画,晚上偶尔还会去教室赶个晚班。时常有全心扑在绘画上的学生,在那里等徐悲鸿先生到来给予指点,当然其中还夹杂有感情的因素。蒋碧薇说:

因为在那充满艺术气氛的画室里,还有那么一个人。——当丈夫的感情发生了变化,每一个女人都会有敏锐的感觉。

1931年初,徐悲鸿完成了一件大作《台城月夜》。画中的主人公正是徐悲鸿与孙多慈。徐悲鸿没想到自己与蒋碧薇之间的矛盾因《台城月夜》升级了。蒋碧薇说:

在我的感觉中,他们之间所存在的绝对不是纯粹的师生关系,因为徐先生的行动越来越不正常。我心怀苦果,泪眼旁观,我觉察他已渐渐不能控制感情的泛滥……

可惜我们再也看不到徐悲鸿用心完成的爱情之歌《台城月夜》,它的结局,蒋碧薇后来说:

> 《台城夜月》,是画在一块三夹板上的,徐先生既不能将它藏起,整天搁在那里,自己看看也觉得有点刺眼。一天,徐先生要为刘大悲先生的老太爷画像,他自动地将那画刮去,画上了刘老太爷。这幅画,我曾亲自带到重庆,三夹板上裹上层层的报纸,不料被白蚂蚁蛀蚀,我又请吴作人先生代为修补,妥善地交给了刘先生。

1931年夏天,孙多慈以图画95的高分被中大录取,正式师从徐悲鸿学习素描。由于徐悲鸿对孙多慈的赞赏从来都不避讳,也不考虑同在一个教室的男生们的微妙感受,时间长了,风言风语就多了。

蒋碧薇再也无法容忍中大学生的小报告和南京城里报纸上的花边新闻了。她一次次去找孙多慈"算账",但从《台城月夜》之画的争吵之后,徐悲鸿都以沉默来应付。

在中大画室里,徐悲鸿还创作了巨幅国画《九方皋》。徐悲鸿为表现中国画的气韵,同时体现现实主义理念而几次易稿。最后,他终于把千里马遇到知己的场面表现得淋漓尽致。

在作品《九方皋》中,我们能看出徐悲鸿在努力营造真实的意境。徐悲鸿扎实的素描功底与灵动的笔墨运用能力,在这幅

◎《九方皋》,纸本设色,1931年,351 cm×139 cm,藏于徐悲鸿纪念馆

作品中都得到了完美的展现。

1932年,国民党元老吴稚晖将他两年前用3 000块大洋买下来的一块荒地赠予徐悲鸿,并联合许多人凑了一笔钱,帮助徐悲鸿盖公馆。当时找的设计师又恰是徐悲鸿的学生,1932年12月徐悲鸿公馆终于建成了。

据徐静斐回忆:"1932年,由几个朋友资助,筹款为我家在傅厚岗6号盖了一幢楼房。于是当年年底,我们便搬进新居。"

蒋碧薇对傅厚岗的新家颇为喜爱,并按照自己的想法在房前房后种植了自己喜爱的花草,徐悲鸿也有了一个宽敞的画室。有了画室,徐悲鸿在家时间较过去多了,只要不在中大上课,便躲在画室画画。徐静斐说:

> 爸爸一画就是几个小时,画的国画将整个画室地面都铺满了。我们经常等他吃饭,菜饭热好又凉,凉了又热,他都不出来吃。他的脾气是作画到入神时,谁也不能惊动他,一定要把那幅画画完才罢休。

但是,舒适的环境并没有让徐悲鸿忘记他的梦想。此时,"九一八"事变已发生一年有余,徐悲鸿看到南京街头依然是民不聊生,他无法让自己安心地"躲进小楼成一统",他居安思危,将自己的新家取名"危巢",并作《危巢小记》:"古人有居安思危之训,抑于灾难丧乱之际,卧薪尝胆之秋,敢忘其危,是取名之意也。"

在自家客厅的墙上,徐悲鸿挂了一副对联,"独持偏见,一意孤行",横批,"应毋庸议"。但这副对联曾让蒋碧薇耿耿于怀多年,后来在她的回忆录中还有提及:"在徐先生画室里挂着一副对联,那是他集前人句亲笔写的八个大字:独持偏见,一意孤行;横额是他的斋名:应毋庸议。"

徐悲鸿与蒋碧薇的个性差异太大了。通常生活中的夫妻会互补,而在他们之间似乎极不协调,如今,孙多慈的出现又让徐悲鸿与蒋碧薇貌合神离。新居落成时,孙多慈送来百棵枫苗种在了徐家庭院,蒋碧薇得知此事后令佣人将枫树通通砍去当柴火。徐悲鸿痛心不已,在画室里躲了一天,一遍遍地写着"无枫堂",并将画室称为"无枫堂画室"。

父母的争吵对子女的影响是巨大的。多年之后,他们的女儿徐静斐说:"在我的记忆中,童年时代南京的一段生活是很幸福的。美中不足的是,爸爸妈妈常常争吵,起因是爸爸喜爱收藏古董古字画及金石图章,一见到好画好古董,爱之如命,不惜重金加以收买;而母亲喜欢过舒适生活,又好请客,双方都要花钱,尽管父亲收入很高,仍不免有矛盾,因此发生争吵。"

在"危巢"中,徐悲鸿完成了一幅以《书经》为题材的油画巨幅作品《傒我后》，此作1931年构思于中大画室。徐悲鸿在画中依旧用现实主义精神，描写了在夏桀的暴虐统治下，大地干裂，耕牛啃着树根，人民痛苦不堪，期待着商汤带兵去讨伐暴君来解救他们的情景。当时国民党主管文化的张道藩看到此画后劝告徐悲鸿："老同学，我知道你是个艺术家，眼下别这么画，那是自找麻烦。"

◎《傒我后》，布面油彩，230 cm×318 cm，1930—1933年作，北京徐悲鸿纪念馆藏

如此触目惊心的画面正是徐悲鸿所想表现的，他并没有理会张道藩的告诫。"九一八"事变后，一心要用艺术救国的徐悲鸿不满国民党政府的屈膝投降，画此作正是要映射出人民如同画中的饥民一样，渴望得到解救的心情。

其实张道藩与徐悲鸿早在欧洲时就认识了。1921年，在德国旅行的张道藩并没有成名，听说徐悲鸿也在柏林，便急匆匆前去拜访这位艺术上的同道。这次会面,除了徐悲鸿的个人艺术才情让张道藩羡慕之外,他还格外留心了后来被他称为"名花有主"的蒋碧薇。

后来,这些当年在欧洲的中国留学生自行成立了一个"天狗会","天狗会"成员中有谢寿康、徐悲鸿、孙佩苍、张道藩、蒋碧薇、邵洵美等,其中蒋碧薇被称为"压寨夫人"。

在"天狗会"里,张道藩对蒋碧薇格外地热情体贴。从1922年到1926年,一心扑在绘画中的徐悲鸿完全不知道张道藩不止一次地向蒋碧薇含蓄地表达自己的爱意。最终,理智战胜了情感的蒋碧薇在1926年2月给张道藩回了一封长信,向他关闭了感情的大门。

在傅厚岗新居住了不到一年,徐悲鸿突然决定将房子抵押,以借贷银行3 000块钱,然后收集了几百幅当代画家的经典作品准备运往国外展览。

此次同行的还有蒋碧薇,她说:"孩子年幼,南京新居尚未完全布置停当,本不想和徐悲鸿同去,但怕有人'乘虚而入'。同时也想趁此机会,看看是否有重归于好的可能。"

1933年5月,"中国近代绘画展览"在巴黎国立外国美术馆开幕,这是他们赴欧展览的第一站。带去的300多幅作品全部展出,盛况空前。法国文豪保尔·瓦洛里特地撰文介绍此次展览。展览结束后,法国政府收藏了12幅作品,其中就有徐悲鸿的名作《古柏》。

此后,徐悲鸿又带作品赴比利时、德国、意大利、苏联等地继续展出，都取得了巨大成功。在意大利，徐悲鸿的"中国近代绘画展览"，被认为是继马可·波罗之后掀起的中意文化交流的又一高潮。在苏联展览期间，徐悲鸿还被邀请到苏联的美术院校进行多次讲演，向苏联学生介绍中国艺术。他非常喜欢苏联的现实主义画家，对列宾、谢洛夫的绘画艺术推崇备至。

1934年8月17日，徐悲鸿经过了长达一年零七个月的国外巡回展后，回到中央大学继续任教。

1935年2月，田汉在回家的路上被国民党特务盯梢，回家后连同妻子、女儿一起被国民党特务逮捕，押于上海公安局。后来妻子和女儿提前获释。当田汉被移至南京宪兵司令部看守后，其夫人林维中找到正在南京中央大学任教授的徐悲鸿，徐悲鸿当即答应全力以赴保释田汉出狱。

徐悲鸿找到了同在中央大学任教的宗白华和张道藩，并通过张道藩打听到了田汉被监禁的确切地址。另外还从宪兵司令部了解到担保人须是三位知名人士，另外被保释者出狱后不得离开南京。当天，徐悲鸿、宗白华、张道藩三人以保释田汉狱外就医为名，在申请书上签了名，并由张道藩转交国民党当局。

田汉出狱后，徐悲鸿便把他全家安顿在自己家中。

其实在营救田汉的事上，张道藩同意帮忙是看在徐悲鸿与蒋碧薇的面子上。担保已被特务长期盯梢的田汉是有很大风险的，但张道藩也知道田汉的个性，当面告诉他今后不得参与任何政治活动。

对于这次保释田汉，蒋碧薇并不高兴。在她看来，南国社时的田汉只是一个不务正业的青年，如今徐悲鸿的奋力保释说不准就会影响了他的政治前途。徐悲鸿此时的侠义之举是蒋碧薇无论如何也难以理解的。

1935年夏,孙多慈即将毕业,比利时庚款基金会的董事会议将在7月前召开,徐悲鸿希望能帮她争取到一个留学名额,让她到国外继续深造。于是便写信给远在上海的舒新城,希望他能帮助出版一本《孙多慈素描集》。

新城吾兄惠鉴:

前承允为慈刊集,感荷无量。知真赏不必自我,而公道犹在人间。庶几弟与慈之诚得大白于天下也。兹嘱其携稿奉教,乞予指示一切!彼毫无经验,惟祈足下代办妥善,不胜拜谢。此颂

日祉

弟悲鸿顿首
三月十五日

给舒新城的信是由孙多慈亲自带去上海的。舒新城说:"你的作品很优秀,出版是一件很复杂的事,即使是徐先生的东西摆个两三年,也是正常。不过徐先生吩咐了,我一定帮你办到。"

一个月后,徐悲鸿又给舒新城写了一封信。

新城吾兄惠鉴:

慈返,已为弟道及见兄情形。承兄为作序,深致感谢。慈所写各幅,已经弟选过。狮最难写,两幅乞皆刊

入。孩子心理,欲早观厥成。彼闻足下言:"徐先生的东西一摆两三年",大为心悸,特请弟转恳足下早日付印,愈速愈好。想吾兄好人做到底,既拘慈情,亦看弟面,三日出书,五日发行,尊意如何,至于捉刀一节,弟意不必,盖文如兄,自然另有一种说法(一定是一篇情文并茂之好文章),比弟老生常谈之为愈,亦愿赶快写出为祷!此举乃大慈大悲之新城,池中有白花,其光芒应被全世界。样本等等,乞直寄中央大学孙多慈女士收为祷!敬候

撰祺

          弟悲鸿顿首
          四月十一日

  徐悲鸿帮孙多慈出画册,多半在于徐悲鸿认定孙多慈的艺术才情,她需要更好的学习环境。后来,徐悲鸿请宗白华帮忙作序。

  不巧,徐悲鸿为孙多慈争取官费留学名额让蒋碧薇知道了,她对徐悲鸿说"你知道我的性格和脾气,任何事情只要预先和我讲明白,一定可以做得通。如果瞒住我,我可非反对不可!"当时身兼教育部次长的张道藩虽是徐悲鸿的朋友,但他听蒋碧薇的。

  不久,孙多慈的出国计划被蒋碧薇破坏了。8月,徐悲鸿在给舒新城的信中写道:"弟月前竭全力为彼谋中比庚款,结果为内子暗中破坏,愤恨无极,而慈之命运益蹇,愿足下主张公道,提拔此才。"在舒新城看来,"艺人以感情为生活,若不浪漫,则其作

品无生命,师生间真成情侣,亦不算什么,不过在中国说是麻烦"。

出国无望的孙多慈,毕业后便回到了安庆老家。极度沮丧的徐悲鸿把他对国家的思虑之情寄托在画纸上了,蒋碧薇后来回忆说:

> 到了一九三六年前后,我们夫妻俩由于情绪恶劣,常常争吵。横亘在我和悲鸿之间的,已经由丝丝的缝隙而成宽深的鸿沟,我看不出有什么重圆的征兆,或者是和好的契机。果然,悲鸿与我的距离越来越远,行为表现极端任性,绝顶荒诞。除掉回家睡觉外,整天都在中大,不是上课,就是画画。

此时,徐悲鸿做出一个重大的决定,赴广西作画,蒋碧薇同意了徐悲鸿的决定,只是劝他不该拒绝为蒋介石画像,如今又依然与保释在家的田汉来往密切,外出之事她不想管,但认为作为艺术家,徐悲鸿最好不要涉及太深,更不要卷入政治旋涡。其实在徐悲鸿心里,纵使蒋碧薇有再多的责难他都能够接受,他说:"能够娶到你这一位太太,我已经满足了,如今你遇事过于挑剔,我无以应付。"

日军侵华后,由于南京政府对日采取不抵抗政策,桂系将领李宗仁、白崇禧、黄旭初等在广西、广东爆了"六一运动",呼吁南京政府积极抗日。徐悲鸿此次选择广西的目的十分明确,他要为广西军政主帅李宗仁、副帅白崇禧、广西省政府主席黄旭初

◎ 让生命活跃起来,纸本设色,1935年,113 cm×109 cm,藏于徐悲鸿纪念馆

画像。1936年夏,徐悲鸿由南京经上海、香港、广州后到达广西。在广西,徐悲鸿完成了《广西三杰图》。不久,徐悲鸿在阳朔租下一间旧房,见门前有棵高大的玉兰树正繁花朵朵,欣喜不已。李宗仁知道此事后便将旧屋买下并略作翻新赠与徐悲鸿。徐悲鸿在这座远离城市喧嚣与迫害的小屋里画画、写诗,完成了《逆风》、《古柏》、《漓江春雨》等作品。他在《南游杂感》中写道:

◎ 桂林风景,纸板油画,1934年,76 cm×57 cm,藏于徐悲鸿纪念馆

◎《漓江春雨》1936年,80 cm×110 cm,水墨,藏于徐悲鸿纪念馆

世间有一桃源,其甲天下山水,桂林之阳朔乎!……江水盈盈之,照人如镜,萦回缭绕,平流细泻,

有同吐丝。山光荡漾,明媚如画,真乃人间仙境也!

由于徐悲鸿在广西为李宗仁等人画像,还在《广西日报》上撰文,指责蒋介石。身在南京的蒋碧薇担心"徐悲鸿万一酿成事件,只因家庭纠纷而影响他的前途",于是,独自一人由上海乘船到达香港,再赶火车去广州,然后坐汽车去三水,在三水换乘轮船至梧州,最后于8月中旬到达南宁。蒋碧薇后来说:"为我的良心着想,我应该冒一次险,徐先生不肯回来是他的事,我但求自己心安。"

蒋碧薇的苦心立即遭到了徐悲鸿的拒绝,两人没聊上几句便大吵而散。

在广西,徐悲鸿住在省政府内。在沉闷的交谈之后徐悲鸿依然表示不愿意辜负李宗仁的盛情,愿意继续留在广西,蒋碧薇便无奈地独自返回南京。

1937年5月,徐悲鸿应香港大学的邀请在香港屏风山图书馆举办画展。展览期间,香港大学的中文教授许地山听说有位德籍女士想要将她几箱子中国书画出售,于是便拉徐悲鸿一道去,看看是否能发现一些好的。当浏览到第三箱时,徐悲鸿看到了一幅场面宏大的人物白描画卷,立刻说:"我只要这一幅,下面的不用看了。"当时徐悲鸿手头只有一万元现金,为确保能拿下这幅作品,他又加上了自己的七幅作品,作为交换。

徐悲鸿认为该画卷艺术价值之高,可与欧洲最高贵名作、希腊班尔堆依神庙雕刻这一世界美术史上第一流作品相提并论。因为图中描有八十七个神仙,徐悲鸿便将其定名为《八十七神仙

卷》,并亲手刻了一方"悲鸿生命"四字的印章。潘天寿先生曾评论此画:

> 全以人物的衣袖飘带、衣纹皱褶、旌旗流苏等等的墨线,交错回旋达成一种和谐的意趣与行走的动,使人感到各种乐器都在发出一种和谐音乐,在空中悠扬一般。

1937年春,徐悲鸿回到南京。此时,蒋碧薇已爱上了那位曾经向她示爱过无数次的张道藩。她提出要与徐悲鸿分居生活。

张道藩由法国回国后受到蒋介石重用,政治上春风得意,但绘画也就此止步了。尽管后来与法国姑娘苏珊结婚,在他的心里,最爱的人依然是蒋碧薇。多年之后,他在给蒋碧薇的信里回忆说:

> 那一天你曾给我留下极深刻的印象。你穿的是一件鲜艳而别致的洋装。上衣是大红色底,灰黄的花,长裙是灰黄色底,大红色花。你站在那张红地毯上,亭亭玉立,风姿绰约,显得那么雍容华贵。

"七七事变"之后,张道藩彻底走进了蒋碧薇的生活。他们通过一封封信相互传达爱意,诉说心思。当时南京是日军飞机轰炸的重要地点,徐悲鸿希望蒋碧薇与孩子一同随自己去广西避难,但被蒋碧薇拒绝了。后来,徐悲鸿得知南京政府即将迁往重庆,他给蒋碧薇留了一笔路费,并把家里的事托付给了老朋友张道藩。

徐悲鸿的离开最终成全了蒋碧薇和张道藩。因为徐悲鸿长期在外,对家庭的关照太少,多年的朋友之情也让他知道张道藩对妻子蒋碧薇会无微不至地照顾,另外,考虑到子女需要有一个颇有身份地位的人加以保护,徐悲鸿才有此决定。但也有人说,徐悲鸿在法国时天天泡在美术馆,不关心家中的事,当年在留法的学生圈里,大家都知道张道藩爱的是蒋碧薇。

其实,当一个女人在最需要关爱和保护的时候,有这么一个男人能依靠,并自始至终,是一个女人所期盼的。多年之后,蒋碧薇将他们曾经写下的15万字情书公示于世。在绵绵情书中我们任意挑出一封即可看出他们的用情之深。

张道藩给蒋碧薇的信:

亲爱的雪(指蒋碧薇),我本来不愿意你用这个名字,因为雪虽然很洁白,但是太容易融化了;可是我现在叫你雪了,就让你自己所选的这一个字,永久留在我的心坎上吧……我的雪本来是人家的一件至宝,我虽然心里秘密地崇拜她,爱着她,然而十多年来,我从不敢有任何企求,一直到人家侮辱了她,虐待了她,几乎要抛弃了她的时候,我才向她坦承了十多年来深爱她的秘密,幸而两心相印,这一段神秘不可思议的爱,但是忽然人家又要从我的心坎里把她抢了回去……请问上天,这样是公道的吗?……

雪：上月二十七、二十九、三十一各信，常在身边，夜间放在枕头下，不知已看过几遍了。

我们的问题，已经到了最严重的阶段，我总觉得不久就会发生什么事故，我真不知道应该怎么办才好，你说"我恨我没有勇气脱离你……"，"要是有办法能够教你忘掉我，或不爱我，我真什么都愿意做……"过去我也曾想了许多办法，可是都做不到，就是做到了断绝关系，也未必会使你减少痛苦，甚至于也许会发生意外……

蒋碧薇给张道藩的信：

宗（指张道藩）：心爱的，我想你；我行动想你，我坐卧想你，我时时刻刻想你，我朝朝暮暮想你，我睡梦中也想你。

宗，我有一个谜语，要请你猜猜，若猜中了，我会给你一千个吻作奖品，若猜不中，那就罚你三个月不准吻我，下面便是谜语：

心爱的，我想你，我行动想你，我坐卧想你，我时时刻刻想你，我朝朝暮暮想你，我睡梦中也想你，我至死还是想你，到天地毁灭我也还想着你，可是有一个时候，怎么样也不想你。请你猜猜，那是什么时候？

1937年9月下旬徐悲鸿打包好准备在香港、广州、长沙等地举办画展的画作与藏品离开了南京。抗日战争爆发后，徐悲鸿执教的中大艺术专修科升格为艺术系，10月，国立中央大学西迁至四川，本部设在重庆沙坪坝。11月，徐悲鸿回到重庆中央大学继续任教。

◎ 风雨鸡鸣图，纸本设色，1937年，132 cm×76 cm，藏于徐悲鸿纪念馆

此时，蒋碧薇和两个孩子已在张道藩的安排下搬进了渝简马路边重庆名绅的一座私宅，这座名叫"光第"的私宅是一幢两

层建筑的楼房,当时郭有守和张直夫两家租下了二楼一半的五间房,蒋碧薇与徐悲鸿占了两间。

在"光第"私宅对面,同住的还有吕斯百和吴作人夫妇,徐悲鸿白天除了到市区沙坪坝中央大学上课外,还经常与他们一起出去写生。

◎ 梅竹图,纸本设色,1936年,113 cm×73 cm,藏于徐悲鸿纪念馆

1938年4月,从武汉途径长沙的徐悲鸿遇到了在此避难的

◎ 贫妇图，纸本设色，1937年，102 cm×62 cm，藏于徐悲鸿纪念馆

孙多慈一家。因为自己在广西能得到李宗仁等人的帮助，他便劝说孙多慈一家去桂林发展。在长沙没住多久，徐悲鸿就把孙多慈一家接到了桂林，又在广西省府为孙多慈谋了一个差使便返回中大。当年暑假，徐悲鸿回到桂林，并于1938年7月31日，徐悲鸿在《广西日报》刊登了一则告示：

> 徐悲鸿启事：鄙人与蒋碧薇女士久已脱离同居关系，彼在社会上的一切事业概由其个人负责。特此声明。

同时，让好友沈宜甲去孙传瑗那做做思想工作。

其实孙传瑗早已从报上看出徐悲鸿的心思，没过几天便带着女儿到了浙江丽水。

后来，沈宜甲写信给一位朋友说：

> 悲鸿固已在桂林登报与蒋女士脱离同居关系（事先曾请教几个法律专家，皆云无违法之处），但与某女士（孙多慈）结婚，乃外间揣测之辞，事实上恰恰相反。此报登后，不数日，某女士即独自离开桂林，大约永不再回矣。悲鸿现埋头乡间，拼命作画，局外人焉知其中痛苦……

无奈于孙父的反对，绝望中的徐悲鸿也在心里决心放下了这段感情。不久，孙多慈嫁给了当时任浙江省教育厅长的许绍棣。

孙多慈一家离开桂林后，抑郁不堪的徐悲鸿在广西北部山区河池县属的八步镇隐居下来。在八步，他住在农民家中，通过绘画来排解自己的愤懑，短短几个月，徐悲鸿积累了数十张作品，其中这张《八步晨光》就是他此时的写生之作。

◎《八步晨光》,纸本水墨,1938年

 赈灾南洋

1938年初冬,徐悲鸿在八步接到来自新加坡和印度的信件,邀请他去讲学和办画展。见信后徐悲鸿很快回到桂林,积极筹备展览作品。早在南京沦陷之前,徐悲鸿就将自己的作品和藏品全部装箱加封,藏在七星岩的溶洞中。1938年10月,徐悲鸿在七星岩取出一部分珍藏品走水路到达香港。1939年1月,徐悲鸿乘坐"万福士"邮轮离港前给远在重庆的子女一封信:

伯阳、丽丽两爱儿同鉴：我因要尽到我个人对国家之义务，所以想去南洋卖画，捐与国家。

行未到半路（香港），便遭封锁，幸能安全出国。但因未领得护照，又多耽搁了近两个月，非常心焦，亦无别法可行。兹已定今夜（1月4日）乘荷兰船Van Heufze赴新加坡，在路上有四日，如能一切顺利，二月中定能返到重庆。国难日亟，要晓得刻苦用功。汝等外祖父、母亲想安好。我虽在外，工作不懈，身体不好亦不坏，可勿念。你二人须用功算学及体操。旧邮六张两人分之，外祖父前代我请安，母亲代我问安。父字

1939年1月8日徐悲鸿途径香港到达新加坡。依旧住于黄曼士家。并为黄曼士作五十岁画像，此像后来挂于黄曼士"江夏堂"中。

3月14日，徐悲鸿筹赈画展开幕，画展的主办方是"星华筹赈会"，展览地点设在了维多利亚纪念堂和中华总商会。由于此前徐悲鸿在香港的展览并不成功，徐悲鸿特地在展前做了一个筹赈预备会。展览当天，徐悲鸿老友黄曼士请中国驻新加坡领事高凌百先生主持开幕式，到场的嘉宾有：新加坡总督汤姆斯爵士、邝副领事、华侨领袖郑连德夫妇、林文庆夫妇、李光前、林谋盛、黄曼士等。

徐悲鸿此次展览共展出油画、水彩画、素描写生等171幅。当时《星洲日报》的主编郁达夫特地撰文：

他这一回的来星洲,是系去印度应诗人泰戈尔之招的路过。……

悲鸿先生,在广西住得久了,见了那些被敌机滥施轰炸后的无告的寡妇与孤儿,以及在疆场上杀敌成仁的志士的遗族们,实在抱有着绝大的酸楚与同情。他的欲以艺术报国的苦心,一半也就在这里;他的展览会所得的义捐金全部,或者将很有效用的,用上这些地方去。

展览于26日落幕,共筹得义款新币15 398元,全部捐给广西第五路军阵亡遗孤。

◎ 徐悲鸿在南洋

7月,当时比利时驻新加坡之副领事勃兰嘉委托徐悲鸿作《珍妮小姐画像》。珍妮本人对该作品非常喜爱,她的男友勃兰嘉还特地为徐悲鸿举办了一个画作揭幕仪式。徐悲鸿此画得新币四万,是他在南洋募捐中画酬最多的一幅。

◎《珍妮小姐画像》,布面油画,1939年

如今,在新加坡国家美术馆,还有一幅《汤姆斯总督肖像》。据说为完成这幅作品,徐悲鸿邀请英国海峡殖民地总督汤姆斯两次到"江夏堂"写生头像。然后还向总督借用礼服衣帽、佩剑勋章,画了不少素描,《汤姆斯总督肖像》于8月底完成后并在维多利亚纪念堂举行了悬挂典礼。

10月,徐悲鸿在新加坡又完成一张名作——王莹肖像《放下你的鞭子》。油画《放下你的鞭子》是徐悲鸿在新加坡期间看到知名女星王莹于当地演出抗日街头剧,深受感动,用了近半个月的时间画了一张与真人几乎等大的巨幅油画。后来,徐悲鸿将这幅作品送给了老友黄孟圭。

徐悲鸿在新加坡逗留了近10个月后,于1939年11月18日,踏上了赴印度加尔各答的邮轮。

12月6日上午,徐悲鸿抵达泰戈尔1921年创办的国际大学所在地——圣地尼克坦。

泰戈尔对中国和中国文化有着深厚的情谊,早在1915年,陈独秀在《新青年》第2期上发表了他的《赞歌》4首。1937年中国学院建立后,他先后邀请了众多中国学者和艺术家到印度讲学,介绍中国文化。1939年12月20日,徐悲鸿在国际大学举办了个人画展,泰戈尔亲为揭幕并致欢迎词。

1940年2月,甘地来国际大学拜访了泰戈尔,在欢迎会上,泰戈尔将徐悲鸿介绍给甘地。徐悲鸿还为甘地画了一幅几分钟的速写。当晚,徐悲鸿在日记中写道:"今天与印度整个灵魂共同生活,深感荣幸。"

随后在泰戈尔的介绍下,徐悲鸿又在加尔各答举办画展。泰戈尔亲自为画展写了序言:"美的语言是人类共同的语言,而其音调毕竟是多种多样的。中国艺术大师徐悲鸿在有韵律的线条和色彩中,为我们提供一个在记忆中已消失的远古景象,而无损于他自己经验里所具有的地方色彩和独特风格。……"画展后,徐悲鸿还特地为泰戈尔画了十几幅速写,后来,在速写的基础上完成了《泰戈尔像》。在此画中徐悲鸿大量运用了中国画的传统技法，人物造型以线为主，但在头、手的刻画上明显结合了西画素描的手法，重视以形写神。《泰戈尔像》是徐悲鸿水墨肖像画的代表作。

◎ 泰戈尔像

◎ 速写《泰戈尔在工作》，1940 年

◎ 作品《印度大学生》，1940年

◎ 印度女人像，炭笔素描，1940年，35.4 cm ×25.1 cm，藏于徐悲鸿纪念馆

3月初，在加尔各答画展结束后徐悲鸿决定赴印度东部的大吉岭，正好也可以在那里避一避暑。在大吉岭小住的那段时间，徐悲鸿天天可以近距离地观察喜马拉雅山。1940年4月，他在给好友舒新城的一封信中说："一月以来将积蕴二十年之《愚公移山》草成，可当得起一伟大之图。日内即去喜马拉雅山，拟以两月之力，写成一丈二大幅中国画，再（归）写成

一幅两丈长之(横)大油画,如能如弟理想完成,敝愿过半矣。尊处当为弟此作印一专册也。"

◎《愚公移山》,纸本设色,143 cm×424 cm,1940年,藏于徐悲鸿纪念馆

徐悲鸿的《愚公移山》取材于《列子·汤问》中"愚公移山"故事。1940前后,正值中国抗日战争最艰难危急的时刻,徐悲鸿感慨于愚公的"子子孙孙,无穷匮也",故作《愚公移山》。希望中国军民要具备愚公移山的精神,打好持久战,保家卫国,取得抗战最后胜利。

徐悲鸿最终确定用人体来表现他的宏大主题《愚公移山》。他画了上百幅草图,这些草图取材于印度民众,其中有不少堪称徐悲鸿素描写生的经典之作。用中国画来表现人体其实是徐悲鸿多年绘画实践中形成的中国画与西画、历史与现实的不经意的巧妙结合,这其实就是艺术的嫁接。

在徐悲鸿构思《愚公移山》的时候,他已将中国美术的改革初衷融入了这幅作品之中。徐悲鸿与林风眠不同,与刘海粟也不同,他并不是一个"为艺术而艺术"的人。或许,在他写给上海舒新城的信中,已表达了他的心思,他从未放弃过对古典绘画的热爱,他始终要以写实主义作为努力方向的,并且始终是要将自己的作品与时代精神紧密融合的。

徐悲鸿的儿子徐庆平曾说:

父亲在1940年左右抗战时期曾画过三幅《愚公移山》。在新加坡办画展,为抗战筹款其间留下了40余幅油画作品。日军占领新加坡前夕,他的朋友把这批油画深埋在地下。其中就包括《愚公移山》油画第一稿,它的尺寸稍小,也就是后来拍卖了3300多万元的那一幅。《愚公移山》第二稿是父亲辗转从新加坡带回国的,也就是后来中法油画专家经过5年的艰难修复的那张巨幅油画。而巨型中国画《愚公移山》则是第三稿。

在喜马拉雅山,徐悲鸿创作了《喜马拉雅山山林》、《喜马拉雅山之晨雾》、《喜马拉雅山全景》等优秀的风景作品。1941年太平洋战争爆发后,徐悲鸿将《喜马拉雅山全景》与其他几十幅油画和几箱个人收藏字画等埋在了崇文学校罗弄泉的一口枯井内。直至战争结束后,这些作品才得以取出。

◎《喜马拉雅山全景》,布面油画,1940年

◎ 喜马拉雅山之林,纸本水墨,1940年,55 cm×23 cm,藏于徐悲鸿纪念馆

在印度,徐悲鸿还游历了各大名胜古迹。一次他在看了当地石刻之后,惊叹道:"这些石刻大概是上帝先做软石,等印度人雕镂成功,再使之坚硬。"11月,徐悲鸿怀着感激的心情去加尔各

答向泰戈尔辞行,此时泰戈尔已经犹如当年的达仰,十分虚弱。大病初愈的泰戈尔希望出版一本画集,他对徐悲鸿的眼光是非常信任的,于是,徐悲鸿便在泰戈尔的两千多张作品中一一挑选,经过三轮的精选,最后留下了70幅,交付国际大学出版。

1940年底,徐悲鸿客居新加坡。不久,他有不少新作入选华人美术会第五届常年画展。其中就有在印度完成的《泰戈尔像》。

1941年6月,徐悲鸿接到美国援华总会以及林语堂、赛珍珠的邀请,准备筹办赴美画展。不料,就在徐悲鸿将参展作品装箱待运之时,太平洋战争爆发。8月,正在新加坡办展的徐悲鸿得知泰戈尔逝世,悲痛不已。不久,他写下了《泰戈尔翁之绘画》一文,高度称赞泰戈尔的想象力:"送琼浆与劳工,假寝床于巨蚌,夺梅妃之幽香,食灵芝之鲜,吻河马之口,绝壑缀群玉之采,茂林开一线之天,利水泓之积,幻为群鸿戏海……"12月8日,新加坡遭日军飞机空袭,战争一触即发。为了躲避轰炸,徐悲鸿暂时住在罗弄泉的崇文学校,不久,经友人黄曼士等人的再三劝告,徐悲鸿决定回国。临行前,他连夜将之前藏于黄曼士江夏堂的绘画、书籍、碑帖、印章等运至罗弄泉,分装于皮蛋缸中,埋于崇文学校一枯井之内。

1942年1月,徐悲鸿带着《八十七神仙卷》《愚公移山》《田横五百士》等1000多幅作品,也带着赴美画展的无限遗憾和南洋埋画的不安,登上了最后一趟开往印度的轮船,离开了新加坡。

三 缘结重庆

1942年初,取道缅甸的徐悲鸿途径云南畹町返回国内。他不顾南洋期间的奔波劳累,开始以沿途展览的方式,为抗战筹资。

在滇西保山,徐悲鸿选择在保山城东北角的莲花池举办回国后的第一个画展。徐悲鸿取出了随身携带的几百幅名作。其中除了巨幅国画《愚公移山》之外,还有巨幅油画《田横五百士》、《九方皋》等作品。

展览期间,由于要求徐悲鸿留画纪念的观众太多,他一面接待宾客,一面作画送人。此次展览,观众总计达30余万人次。在保山画展期间,还有一趣事:听闻徐悲鸿在保山办画展,一位腾冲的绘画爱好者不远千里,带着自己的作品徒步来到保山请徐悲鸿指点。徐先生坦言道:"此画我无法说好还是不好,因为龙和凤我均未见过。未见之物最好不要画,要以自然为师。"经大师点拨,这位青年从此醒悟,并始终"以自然为师",终于学有所成。

保山画展后,徐悲鸿在大理小住。1942年5月9日,徐悲鸿昆明画展在武成路开展。展览当日,昆明遭日军飞机轰炸,空袭警报不断,但丝毫不影响展事,昆明观众仍踊跃购票。一天,徐悲鸿听到空袭警报响起,匆忙跑入防空洞。警报解除后,发现云南大学办公室的门已被撬开,徐悲鸿脑子一懵,顿时有一种不祥的预感,他直接冲到了珍藏白描手卷《八十七神仙卷》的房间,画已不见。徐悲鸿被突如其来的打击击垮了。除了这幅视之为生命的《八十七神仙卷》,失踪的还有其他一些画作。

名画失踪,徐悲鸿立即报案。云南省政府接到徐悲鸿的报案后马上派人调查,并且严令限期破案,但一直没有结果,苦等的徐悲鸿接连几天茶饭不思。后来,廖静文回忆说:"悲鸿由于《八十七神仙卷》的丢失,日夜心急如同焚,从此落下了高血压的病根。"

徐悲鸿的好友谢稚柳曾题跋曰:

> 悲鸿道兄所藏《八十七神仙卷》,十二年前见之于白门,旋悲鸿携往海外,乍归国门,骤失于昆明,大索不获,悲鸿每为之道及,以为性命可轻,此图不可复得,越一载,不期复得之于成都,故物重归,出自意表,谢傅折屐,良喻其情。此卷初不为人所知,先是广东有号吴道子朝元仙杖图,松雪题谓是北宋武宗元所为,其人物布置与此卷了无差异,以彼视此,实为滥觞。曩岁,予过敦煌,观于石室,揣摩六朝唐宋之迹,于晚唐之作,行笔纤茂,神理清华,则此卷颇与之吻合。又予尝见宋人摹周文矩宫中图,风神流派质之此卷,波澜莫二,固知为晚唐之鸿裁,实宋人之宗师也。并世所传先迹,论人物

> 如顾恺之女史箴,阎立本之列帝图,并是摹本,盖中唐以前画,舍石室外,无复存者,以予所见,宋以前唯顾闳中夜宴图与此卷,并为稀世宝,悲鸿守之,比诸天球、河图至宝,是宝良足永其遐年矣。

1942年6月,徐悲鸿在昆明苦等几个月后无果,就离开云南,转赴重庆。

原计划用几个月的时间去南洋筹款的徐悲鸿一待就是三年。蒋碧薇听说徐悲鸿归来感觉异常尴尬。因为她无法拒绝丈夫回家,但此时她又深深地爱上了张道藩,于是写信向张道藩求助,信中无不透露着后悔与无助,希望他能理解自己的苦衷。张道藩在给蒋碧薇的回信中提出四条出路,即:一、离婚结婚(双方离婚后再公开结合);二、逃避求生(放弃一切,双双逃向远方);三、忍痛重圆(忍痛割爱,做精神上的恋人);四、保存自由(与徐悲鸿离婚,暗地做张道藩的情妇)。

回到重庆的徐悲鸿继续在中央大学任教,依旧住在江北磐溪,往返于嘉陵江两岸。中年的徐悲鸿在南洋赈灾游历之后艺术观已成熟,在重庆,也是他艺术之火燃烧得最旺盛的时期。他请老朋友张大千去给学生作示范,并写信给谢稚柳,邀请他去中大上课。当时的教学条件异常艰苦,学生们没有颜料,他便亲自带着学生找几种常用的色粉,用土方法磨制颜料,并积极探索现代美术教育方向。

在重庆,艺术教育思想已完全成熟的徐悲鸿受托组建中国美术学院,并接受院长之职。

当时中国美术学院的院址设在了盘溪石家花园的石家祠，其实石家祠仅仅是一座依山而建的木质结构的房屋，没有通水电，甚至连玻璃窗也没有。但徐悲鸿却网罗了很多名家前来做研究员，其中有张大千、吴作人、李瑞年、张安治、黄养辉、冯法祀等人。为创建中国美术学院，徐悲鸿考虑需要从桂林七星岩溶洞中取出一部分作品运往重庆。1942年冬，徐悲鸿只身抵达桂林。在去桂林的途中，徐悲鸿觉得需要有一位精明能干的人随他在桂林开箱，并在作品运输途中切实照料。到达桂林后，徐悲鸿便在《广西日报》上登出中国美术学院招考图书管理员的广告。当时应招者多达五十人。经过笔试和口试，徐悲鸿最后录取了一位湖南籍女生，她叫廖静文。

◎ 青年廖静文

徐悲鸿与廖静文随同当时一道去桂林的画家张安治在七星岩经过了几天的忙碌，终于将所有当年封箱的作品检索完毕，运回重庆。工作中，廖静文的优秀表现深得徐悲鸿的赏识，渐渐地他们聊天的内容就丰富了。一个正值豆蔻年华的姑娘与一个虽然只有四十多岁年纪，却已两鬓如霜的艺术家本着对艺术的忠诚，拉近了彼此之间的距离。廖静文更是在与一位成熟的艺术家的共同工作中学到了书中所学不到的东西。在回重庆途中，廖静文和徐悲鸿有了进一步的了解，此时两人虽心系国难,却仍能在战火纷飞中找到绵绵情意。他们的情感在相互关照中不断上升,徐悲鸿也似乎忘记了两人28岁的年龄差距,他将自己失败的婚姻全部告诉了这个不满20岁的廖静文。确实,徐悲鸿的感情遭遇了太多挫折,压抑得太久了,他说:"在个人感情方面,我已压抑多年了,没有料到,终于在你面前倾倒出来……"

1943年初,徐悲鸿在重庆中央图书馆举办了他的大型个人画展。这次展览展出了他从赴欧留学到南洋赈灾这段时间里创作的一百多幅经典作品。徐悲鸿依旧和往常一样,站在大厅中央迎接四方来宾。就在这时,一身深色旗袍的蒋碧薇走上前,看了一眼徐悲鸿身边的廖静文后说:"我父亲的丧事全靠道藩帮忙,总算极尽哀荣了。"一向自负的蒋碧薇根本没把年轻的廖静文放在眼里,多年之后,廖静文记录了她们头一次相遇的情景:

> 她当时是四十四岁,穿一件贴身的深色旗袍,身材修长而丰满。脸上敷着浓厚的脂粉,仿佛是刚刚下台还未卸妆的演员。她那闪光的黑发齐眉,有如童发似的密密地覆盖着前额,两鬓各梳一个圆形的大发髻,我当时未曾见过有成年人梳这种发式,因此有些吃惊地望着她。

在来参观展览的人群中,"中国空军美国志愿援华航空队"的陈纳德将军曾被徐悲鸿的《灵鹫图》打动。此后,陈纳德将军在展览后一直念念不忘这张美丽的《灵鹫图》。蒋介石知道后,亲自出面想要购买这幅作品作为礼物送给陈纳德，不料徐悲鸿由于对国民党政府不满，断然拒绝了这个要求。后来，当他得知该画原来是援助中国抗日的陈纳德将军想要后，歉疚不已，于是画一张他更熟悉的《八骏图》相赠。

1943年夏，徐悲鸿率中国美术学院筹建人员和部分中大学生赴四川写生考察。蒋碧薇得知廖静文也随徐悲鸿一道外出，便安排了家中的伯阳和静斐同去。徐悲鸿其实并不在意孩子跟随，欣然答应了。途中有了廖静文的悉心照顾，还有两个孩子与自己同吃同住，徐悲鸿心情格外开朗，创作热情高涨。在青城山，他完成了《山鬼》、《湘夫人》、《青城山道中》、《大银杏树》等名作。

四川之行，廖静文给年少的徐静斐留下了一个美好的印象，她说："廖静文非常文静，每日把许多时间花在练书法看文学书籍上。这或许是父亲的作用，他每刻意培养一个人时，都是叮嘱其从练书法开始。在青城山写生一个多月的时间里，我们一起唱歌跳集体舞，度过了一个有意义的暑假。"

写生回来后，廖静文考上了从南京迁到成都的金陵女子大学。

1944年2月9日，徐悲鸿在《贵阳日报》上刊登一则声明：

> 悲鸿与蒋碧薇女士因意志不合，断绝同居关系，已历八年。中经亲友调解，蒋女士坚持己见，破镜已难重圆。此后悲鸿一切，与蒋女士毫不相涉。兹恐社会未尽深知，特此声明。

三天后,徐悲鸿和廖静文在贵阳举行了订婚礼。

1944年春,回到重庆的徐悲鸿与廖静文暂住在中国文艺社。这年夏天,徐悲鸿结识了一位自称"刘将军"的人。谈话中,他告诉徐悲鸿在成都见过徐悲鸿先生先前收藏的《八十七神仙卷》,并主动提出愿意亲自出面交涉此事。求宝无门的徐悲鸿一听便将此事全部托付给了这位"刘将军"。

"刘将军"去成都后很快就有了消息,他写信告诉徐悲鸿:藏画的人不肯轻易交出古画,非以20万元现金不可。日夜思念古画的徐悲鸿早已不在乎自己羸弱的身体,拼命画画筹款。最后终于凑够了20万元现金寄给刘将军,后来又追加自己的爱作10幅才换回《八十七神仙卷》。

徐悲鸿用颤抖的双手打开这件国宝,仔细鉴别,他发现画面内容没有遭到损坏,只是当年的题跋被割掉了,那个"悲鸿生命"的印章也被挖去了。后来,徐悲鸿得知了《八十七神仙卷》的丢失和赎回其实都是这位自称"刘将军"的刘汉钧搞的鬼,但他没有过多地责怪刘汉钧,反而对身边的朋友说:"这些时日,也是因为他才没有让古画彻底毁坏。他能将这幅画弄回来便是了不起的功绩。"1948年,徐悲鸿请张大千和谢稚柳在重新装裱的《八十七神仙卷》上题跋。张大千在跋中写道:

> 悲鸿道兄所藏《八十七神仙卷》,十二年前予获观于白门,当时咨吸叹赏以为非唐人不能为,悲鸿何幸得此至宝。抗战既起,予自故都避难还蜀,因为敦煌之行,揣摩石室六朝隋唐之笔,则悲鸿所收画卷,乃与晚

唐壁画同风,予昔所言,益足征信。曩岁,予又收得顾闳中《韩熙载夜宴图》,雍容华贵,粉笔纷披。悲鸿所收藏者为白描,事出道教,所谓朝元仙杖者,北宋武宗元之作实滥觞于此。盖并世所见唐画人物,唯此两卷,各尽其妙,悲鸿与予得宝其迹,天壤之间,欣快之事,宁有过于此者耳耶。

1944年夏,徐悲鸿收到蒋碧薇的一封信:"碧薇迫不得已乃延律师致书于君,而所提条件,咸为君力所能,至其价值,实卑不足论。因薇只求度过抗战难关,初不忘此区区者,能惠及将来。然君犹以为苛求,不惜诉苦言穷,一再议价,至今闻者莫不窃笑。因此等事故不能如货物之贸易,其理甚明。"

显然,爱恨交加的蒋碧薇已经做好了离婚的打算,徐悲鸿当时是部聘教授,月薪可达两万元,于是蒋碧薇提出了最后的要求:"徐悲鸿的作品一百幅,收藏古画五十幅,钱一百万元,儿女抚养费各两万。"

徐静斐回忆说:

> 妈妈想在离婚费上捞一大笔钱。她把我和哥哥的教养费要得很多,要100幅画,100万元。当时父亲的身体已渐渐衰弱,但为了还清妈妈提出的那笔数目很大的子女教养费,不得不日夜作画,一站十几个小时。爸爸的身体便这样累垮了。就在这时,爸爸患高血压、心脏病、肾炎,病危住院。

在重庆金陵女大请假出来的廖静文再也没有回过学校,整天陪着在中央医院接受治疗的徐悲鸿。

1945年的2月,郭沫若带着周恩来从延安带来的红枣和小米来到磐溪探望在家养病的徐悲鸿,徐悲鸿接到周恩来的礼物后连声道谢,并且说:"请郭先生代我向周恩来先生致谢,战争还未结束,这么远的路还要你亲自送来,真叫我愧疚。"当谈到陪都文化界现状的时候,郭沫若掏出一份写有《陪都文化界对时局进言》给徐悲鸿。徐悲鸿立刻明白了郭老的来意,签下了这个名。其实徐悲鸿不是不知道这个名签下来的风险,如同当年为田汉担保一样,他激动万分,说:"为自由和平等签字乃今生一快事啊!"当晚,郭沫若在徐悲鸿寓所提笔作诗:"豪情不让千钟酒,一骑能冲万仞关。仿佛有人为击筑,磐溪易水古今寒。"

1945年2月22日,《新华日报》全文刊登了《陪都文化界对时局进言》和312人的签名,倡议成立民主联合政府。此次宣言让全国文化界一片哗然。蒋介石十分震怒,迁罪于主管文化部门的张道藩。他们想尽办法要挽回,并且多次要求这些签名的人起草声明宣布签名被盗用。一天,张道藩亲自来到来到磐溪的徐悲鸿家中,劝徐悲鸿不要跟政府作对,但徐悲鸿坚决不改初衷。

1945年12月30日,徐悲鸿与蒋碧薇在重庆沙坪坝重庆大学宿舍签署了离婚协议,当时的作证律师是沈钧儒。徐静斐回忆:

> 爸爸来得很早,他面色苍白,一脸病容,提着一个

粗布口袋,装着满满一口袋钱,这是母亲提出非要不可的100万元离婚费,还带了100幅画,这都是父亲带病赶画出来的。父母在离婚协议书上正式签字,28年的夫妻关系从此彻底断绝。

签字那天,徐悲鸿还将他心爱的一幅油画《琴课》送给蒋碧薇。

暮年

一　艺专复校

1945年8月15日,中国人民经过了8年艰苦卓绝的抗战,取得了最后的胜利。1946年1月,徐悲鸿与廖静文在重庆举行了结婚仪式。随后,中央大学也在1946年迁回南京。徐悲鸿在南京只呆了短短一个月就接到教育部的任命,出任北平国立艺术专科学校校长之职。

在徐悲鸿去北平之前,他身边就有人说:"你应该留在南京,这里是国民党的首府所在地,你的朋友家人都在这里,北平艺专当年不是因为闹得不愉快回来了吗?如今国共谈判已陷入破裂边缘,如有战争,身家性命都未必能保。"但徐悲鸿早已下了决心,在北平,有他未完成的梦想,而且那里有郭沫若和周恩来。他要在北平重新建立一所高等美术学院。在徐悲鸿携廖静文北上之前,他特地给多年的老友宋步云写信说:"弟已接受教育部聘任国立北平艺专之职,拟请吾兄相助。如蒙允可,敬希即可设法启程,以便进行复校事宜。弟将偕吴作人先行赴京。"

1946年7月,徐悲鸿与身怀六甲的廖静文抵达北平。

在徐悲鸿担任北平艺术专科学校校长期间,他努力为学校招兵买马,聘请了许多有影响力的艺术家来学校任教,不拘一格地招纳青年美术人才到教学、管理第一线。

◎ 徐悲鸿与廖静文

之前的国立北平艺专设于北平东总布胡同10号,因为设施的破旧和当年的任职受挫,徐悲鸿的记忆还是相当深刻的。再次来到北平艺专的徐悲鸿,带着多年在国立中央大学办学的经验和积累的艺术人脉,打算将让顽固守旧的艺专焕发新颜。

摆在面前的困难是巨大的,徐悲鸿决定改革先从教学上做起,而教学改革必须先从教师队伍做起。于是,他聘请宋步云任副教授兼任庶务主任,代理总务主任。另外,他还让年轻的艺术家走上讲台,大胆地聘用冯法祀、李可染、董希文、李桦、叶浅予、艾中信、王临乙、滑田友、戴泽、韦启美等人。他们后来都成为中央美术学院的教学骨干和新中国第二代的一流画家,这些功劳不能不归于徐悲鸿。在教学上,他先从中国画的革新开始。他提倡学习西方一些优秀技法,并努力结合中国绘画中优秀的内容,创造出"新颖的、有真实感、有生气的中国画"。

其实在徐悲鸿赴北平前,他已写好一封信给决心要做职业画家的吴作人:

> 作人吾弟:吾已应教育部之聘,即将前往北平接办(日伪的)北平艺专。余决意将该校办成一所左的学校,并已约叶浅予、庞薰琹、李桦诸先生来校任教。至于教务主任一职,非弟莫属。务希允就,千祈勿却,至盼! 悲鸿。①

宋步云凭着多年来对徐悲鸿的爱戴和信任,只身来到艺专。受徐悲鸿重托,他在任总务主任期间,用自己精美的水彩画和各行各业的人建立了良好的关系,每逢遇到棘手之事,总能迎刃而解。

复校初期,为了获得建校地皮,为教学活动创造良好的条件,宋步云捏着李宗仁的批书与国民党驻军战区司令谭光南经过了多次斗争。新校区建成后,他为了让徐悲鸿聘请的各大教授和老师能进京安心上课,又在校址附近的火神庙胡同、水磨胡同、罐儿胡同等地租了多处住房。

徐悲鸿是一心要将国立艺专打造成一流的艺术院校的。

在聘请了一大批有能力的艺术家来校教学的同时,他也将

---

① 吴作人:《刚正不阿的艺术家》,《徐悲鸿评集》,王震编,漓江出版社,1986年,第52页。

原有的教学风气进行了一番整顿,辞退了一名曾留学法国的西画教授,据说这位教授是南京"国民党中央文化运动委员会"安插在艺专的一名特务。徐悲鸿是否因为这位教授的身份而解雇他,我们不得而知,但是此事深深地埋下了今后"倒徐运动"的种子。

1946年,徐悲鸿提议北平艺专教师退出原在重庆加入的"中华全国美术会",联合齐白石、宋步云、刘铁华、李宗津等人组织成立了"北平美术作家协会"。

经过一番教学整顿之后,徐悲鸿在学校积极推行"国画西画"的教学方式,但这种教学方式引起了一部分传统国画家的反对。1947年10月,他们在国立北平艺专召开会议,会议由秦仲文、寿石工、李智超牵头,反对徐悲鸿"减少国画新生入学名额及授课时间,指定授课范围"的做法,并提出"改善国画组设施"等四项要求。在他们看来,徐悲鸿的国画西画教学方式违背了民族文化基本精神,不利于中国画的发展,是盲目西化的表现。但是,徐悲鸿依然主张"素描为一切造型艺术之基础"。随后,"中华全国美术会"留平会员宋步云和刘铁华、黄养辉等十六人针对《反对徐悲鸿摧残国画》一文发表联合声明,认为:

> 中国自明以降,即陷入"师古"的泥沼,如不自拔,终必坠落绝境,今北平美术会在国画理论上,既有殊见,尽可在理论上多所发表,或善意建议……

坚持己见的徐悲鸿在北平、南京和上海的美术界声援秦仲文等三位教授罢教的时候依然做出了解雇秦仲文、寿石工、李智超的决定。

身在其中的徐悲鸿不是不明白这场"倒徐运动"的缘由,他也不是一个不会欣赏传统中国画的院长,在他与齐白石、张大千、黄宾虹等人长达几十年的友谊中我们能看出他的苦衷,他在当时保守派的反对和破坏中依然"独持己见,一意孤行"。

徐悲鸿于1929年在北平艺专辞职回南京前,齐白石送了一幅《寻旧图》给他,并在画上题诗:"一朝不见令人思,重聚陶然未有期。海上风清明月满,杖篱扶梦访徐熙。"

1946年,徐悲鸿又聘请齐白石为北平艺专教授,齐白石说:"本人年岁已高,不能胜此重任啊!"但是在徐悲鸿看来,"齐白石、张大千为中国有数之名画家",即使能在此挂职,偶尔来校指导,也是一幸事。经过多次登门劝说后,齐白石终于答应担任名誉教授。之后,徐悲鸿每个月都帮齐白石去领取工资,只要有时间,就亲自将工资送到齐白石家中。

1946年,应徐悲鸿之邀,沙耆回国。当时国立北平艺专已汇集了吴作人、齐白石、李苦

◎ 徐悲鸿与齐白石、吴作人、李桦

禅、董希文、李可染等大批画坛名家,徐悲鸿以其独有的气度和判断力立即邀请沙耆担任"西画教授"。

◎ 沙耆(1914—2005)

早在1935年,沙耆即成为中央大学艺术系旁听生,师从徐悲鸿。后来,徐悲鸿对沙耆说:"虽然你不是我的正式学生,但你的画技比我的正式学生还要好,今后我要推荐你去比利时留学。"

1937年,沙耆由徐悲鸿介绍,成为比利时国立皇家美术学院院长A·巴斯蒂昂的入室弟子。在校期间,沙耆的油画、素描和雕塑都名列前茅,但他仍与恩师徐悲鸿保持着频繁的书信来往。徐悲鸿的信中,永远饱含着一位老师对后生的殷切关心和鞭策,他最关心的是沙耆在国外的学业。在回信中,徐悲鸿从不用文字来直接赞扬沙耆,而是对他的作品进行认真点评,发表自己的见解,有时甚至连构图、尺幅都要与他进行探讨。

1940年,沙耆的作品已能与毕加索等名画家一起参加比京阿特利亚蒙展览会,沙耆本人也多次举办个人画展,成为当地最著名的画家之一。

回国后,沙耆因种种原因得了精神分裂症。尽管徐悲鸿一直聘他为北平艺术专科学校教授,每月的薪水都由他自己或是吴作人代为领取并寄发,可惜沙耆始终因病未能赴任。

在徐悲鸿的一生中,凡是遇到有才情、肯吃苦的年轻人,他总是给予最大的帮助和鼓励。1928年,他在福建完成油画《蔡公时被难图》后,向福建当局辞谢了给他个人的丰厚报酬,却向黄孟圭申请到两个赴法名额,一个给了吕斯百,另一个给了王临乙。

1947年9月,吴作人在法国巴黎举行个人画展,画展期间,他特地拜访了当时旅居法国的滑田友,并代表徐悲鸿邀请其回国。

早在1929年,滑田友曾报考中央大学艺术系,美术和国文都通过了,但因英文不及格而没被录取。两年后,他把自己在家刻的木雕带到学校给同事们看,在同事们的鼓励下,他将这个木雕头像拍照后寄给了中央大学艺术系的徐悲鸿教授。没过多久,滑田友就收到了徐悲鸿的亲笔信,信中说:

> 中国现在恐怕还没有人能刻出这样的雕像,你不必进中央大学,我愿与你做朋友,要把你送到法国去学雕塑,并希望你春假到南京来相见。

1933年1月28日,徐悲鸿与蒋碧薇赴法,滑田友也与他们乘同一艘船开始了他的留学生涯。但当时滑田友已经33岁,考虑到留学方便,徐悲鸿要求他将自己的年龄减去10岁,经过了7年艰苦研读,1943年,继1941年的《浴女》获巴黎艺术家春季沙龙展览银奖后,滑田友作品《沉思》又获得了巴黎艺术家春季沙龙展览金奖。

1947年，滑田友欣然接受徐悲鸿的邀请，在法国逗留了整整十五年后于1948年1月28日在马赛上船回国。

1947年夏，随军远征的徐伯阳来到北平。高中未毕业的徐伯阳于1943年后参加了孙立人将军的新一军，在缅甸从军。直到抗战胜利，徐悲鸿与蒋碧薇都没有徐伯阳的消息。回到广州后，徐伯阳给蒋碧薇一封信，在信中他告诉母亲他们与日军在原始森林里展开了浴血奋战，阻止了他们一次次反扑。蒋碧薇也在回忆录中说：

> 我无可奈何地四处探听消息，最低限度我要知道伯阳现在怎么样了？他在什么地方？道藩也在为伯阳着急，而且运用他的关系，做多方面的努力探问……至于再相见，则是胜利复员回到南京的时候了。

在南京没呆多久，有过一定绘画基础的徐伯阳写信给父亲，希望能到北平继续上学。于是，徐悲鸿便在北平给他安排了高中课程教师，在补习一年之后，徐伯阳于1948年，进入艺专西画系就读。但不久，徐伯阳又转入了音乐系。蒋碧薇自从儿子徐伯阳参加青年军后，对女儿的态度有了很大变化。在1948年冬，徐静斐写了一篇骂张道藩的文章，并且贴在女大的墙报栏里。张道藩知道后气得不得了，并且说：

> 你是受了共党分子的指使才这样做的，我念你不懂事，只要你说出来是谁指使你干的，并写保证书以后

不再这样干了,我不再追究。

1949年元月,徐静斐接到了一份中央党组织同意她去解放区的通知,考虑到在家的尴尬处境,便以约朋友出去聊天为名,告别了母亲与张道藩,一去不复返了。

蒋碧薇在回忆中写道:

> 我内心里已经确定她出走了,无可奈何,我只好在上海的报纸上登了一则启事,要她无论到了哪里,希望她来信告知,家里的人是绝不会追究她的。道藩还去调查统计局请他们设法寻找,当然这些都不曾得着结果。伤心泪尽之余,我又回到了南京,孤独、凄凉,丧失了一切的一切。茫茫人世,除了道藩而外,我已一无所有了!

二 壮心不已

1948年12月,中国人民解放军到达西山,北平已经处于隆隆的炮声之中,孤守北平的傅作义仍拥兵70多万。

据当年所在东北野战军121师363团的周之同回忆:"军部

在1949年1月传达新的指令：尽快扫除西北郊外围的敌人据点工事,并完成对阜成门至东直门及城内北半部的侦察工作,做好进攻的准备。"然而坚固的北平城墙墙基夯得很实,墙面宽阔,在城门和每个城墙角上,都有城楼守卫,城墙壁上且都凿有枪眼,易守难攻。尽管犹如瓮中之鳖,但傅作义还是打算做最后的抵抗。

在北平围城的这段日子里,国民党政府已开始陆续将一批北平的高等院校迁往南京。南苑机场很快被解放军的炮火封锁,为了让轻型飞机可以从城墙里的这个机场起落,傅作义在旧北平的天坛公园里修建了一个临时机场。在这个机场,南京国民党政府接走了清华大学、北平师范大学等大学的著名教授及家属。

此时,徐悲鸿在家接待了多年的老友田汉。他带来了毛泽东和周恩来的嘱咐："他们希望你无论如何都不要离开北平。"其实即使田汉不来,徐悲鸿也打算要留在北平,他说："北平的文物古迹不能破坏了,这里还有艺专,艺专要在这里迎接解放。"于是,徐悲鸿就对身边的宋步云说："艺专师生的思想工作还要你多费心啊!"

第二天,南京国民党政府给"北平国立艺专"拨来一笔费用,并要求艺专迅速成立"应变委员会"。在徐悲鸿主持的"应变委员会"的会上,身兼庶务主任和总务主任的宋步云向艺专师生说出了种种反对南迁的理由。随后,到会师生争相发言讨论,徐悲鸿又是第一个当场表示反对南迁的人。同时,徐悲鸿还主张将南京政府汇来的那笔"应变费"分发给艺专全体师生,作为围城期间的生活费用,积极迎接解放。会议最终以压倒多数通过了不迁校的决议。

直到1949年1月16日下午,武力解决北平的可能性才被完全取消。那天,傅作义请当时在北平的文化名人徐悲鸿、朱光潜、许德珩、康同璧等20多人到中南海聚会。傅作义先作开场白之后说:"我想听听各位意见。"徐悲鸿说:"就目前形势,为了避免更多的牺牲,保护文化古迹免受损失,我主张和平。"话音刚落,北京大学史学教授杨人缏大声发言:"如果傅先生能顺从民意,能让这座文化古城、文物古迹能完整地保留,我一定会把先生的义举列入史书。"经两位带头发言之后,各位学者都支持徐悲鸿的见解,为和平解放北平各抒己见。

在此之前,解放军考虑得最多的则是"如何在围和攻两种方案里保护这座历史悠久的城市"。在决定攻打之前,中共地下党还通过绘制详细城内地图,在圆明园进行实战训练。

1月22日,傅作义终于决定将部队从"城里撤出,到西部驻扎",围城状态正式结束。

后来,傅作义说:"和平解放北平,我是冒三个死来做这件事的。一个是和共产党打了几年仗,不了解我的人可能要打死我;二是蒋介石和他的嫡系部队,随时都会杀害我;三是咱们内部不了解情况的人,也可能要打死我。"

傅作义的爱国之举和徐悲鸿等人的大胆提议让北平免于战火,更为重要的是,北平和平解放大大缩短了解放中国其他地区的进程。

二战后,冷战严重威胁着世界人民,和平受到很大挑战。一些国际组织和著名人士发起召集世界保卫和平大会,会议的主题是呼吁保卫世界和平,反对好战分子的阴谋。

1949年3月29日,周恩来点名让徐悲鸿作为新中国代表出席"保卫世界和平大会"第一次会议。徐悲鸿与郭沫若、曹禺、艾青、丁玲、田汉、洪深、古元等人从北京火车站出发前往巴黎。但是,由于当时新中国并没有正式成立,法国也未与中国政府建立外交关系,不允许中国代表团进入法国参加会议。会议最后决定一分为二,1949年4月20日,保卫世界和平大会在巴黎和布拉格同时举行。就在当天,由于国民党中央常务委员会拒绝接受《国内和平协定》,中国人民解放军100多万人在"打过长江去,解放全中国"的口号中强渡长江。

后来,徐悲鸿回忆说:"在4月23日的'保卫世界和平大会'上,我们得知解放军占领了南京。当天下午,郭沫若就在大会上做了热情洋溢的发言,渡江战役的胜利,是人民解放军实施战略追击的第一个战役,中国人民解放军的胜利,是对世界和平的重大保障。"

1949年7月21日,中华全国美术工作者协会(简称全国美协)于北京中山公园来今雨轩宣布成立,徐悲鸿当选为主席。

1949年11月2日,国立北平艺术专科学校与华北大学三部美术系合并,成立国立美术学院。徐悲鸿写信给毛泽东主席,希望他能为"国立美术学院"题写校名,不久,毛泽东回信一封:

悲鸿先生:来示敬悉,写了一张,未知可用否?顺
颂教祺! 毛泽东 一九四九年十一月廿九日

1950年2月,国立美术学院更名为中央美术学院,初设绘画系、雕塑系、实用美术系、美术干部训练班和研究部,周恩来总理亲自任命徐悲鸿为中央美术学院院长。4月1日,徐悲鸿在中央美术学院的大礼堂内主持了成立典礼。

1950年8月,徐悲鸿写信给远在英国的费成武:

> 中国此时需人材多而失业之人尤多,因其俱不精通业务也。
>
> ……成武之画已大进步,但此时中国需要能构图作大画者,最好选觅题材,试作现实主义(社会主义之写实主义),如战斗、生产之类当然最好,最高级之技巧能上去,而国中一般大多是土油画,因为纯艺术已失去,暇中可多阅读进步书籍,俾思想上有所准备,否则我们以为很合理的但不习惯可能感到别扭。

其实,身为老校长的徐悲鸿早已将纯艺术、现实主义、写实手法看得清清楚楚了,但却隐约在新时期的艺术创作中感觉到别扭。如今,我们重新审视徐悲鸿各个时期的代表作,不难看出步入老年的他无论从作品的尺幅还是作品的题材选取的广度上,都在进行着调整。

1951年初,徐悲鸿给四川的老友文人画名家董寿平回信,为他开导:

◎ 徐悲鸿在创作《毛主席在人民中》

  寿平先生慧鉴：承手札询及艺术改造之事，弟不暇自己亦在转变之中。简单言之，即今后一切均当服从政治。政治则由忘我思想之无产阶级领导，故为人民服务乃天经地义也。……旧形式尚可用者，尽量利用，如不可用者则扬弃，好借以出笔新，鄙见如是，未知有旧矣！

  1951年5月，徐悲鸿以忘我的精神带病赴山东导沭整沂工程工地体验生活。在为期两个月的写生中，他看到了新中国的建设者热火朝天的工作，他曾感动地写道："吾中国人民原有愚公移山理想，到了毛泽东时代真的看到了。"他每天很早起床，洗漱后就开始为工地的劳动模范画肖像和速写，一画就是几个小时。

  回到北京后，他打算根据工地写生创作一幅大型油画。7月，正当他日夜构思《当代新愚公》时，却突发脑溢血，被送进了

◎ 徐悲鸿为战斗英雄画像

医院。周恩来指示要拿出全院最好的药。经医生全力抢救后,徐悲鸿逐渐从昏迷中苏醒。在重症监护室里,徐悲鸿对从安徽请假来北京的徐静斐说:

> 我学习毛主席《在延安文艺座谈会上的讲话》后,到山东工地上给劳模画像,你没看到那个工地啊,人有多少啊,我在那里画速写,以后还要画大油画,我要用艺术来反映建设者的热情……

1953年初,身体稍有恢复的徐悲鸿,便到中央美术学院为毕业生补讲外国美术史的课。在当时的中央美术学院,徐悲鸿是最适合讲西方美术史的老师。他结合亲身考察经历,凭借着自身杰出的艺术修养,讲得深入浅出,给学生留下了深刻印象。1953年暑假,徐悲鸿还给中央美术学院和浙江美术学院联合组织的教师进修小组授课。当时参加进修的教师有艾中信、王式廓、关良、董希文、冯法祀、戴泽等数十人。在一个多月的学习中,徐悲鸿每个星期去讲两次课,但课后,他依然感到由于时间太短,还有很多东西没有讲完。

   长眠八宝山

1953年9月23日,全国文艺工作者第二次代表大会召开,徐悲鸿担任执行主席。当天下午,徐悲鸿一直坐在主席台上聆听周总理作有关过渡时期知识分子思想改造的报告。中间休息时,徐悲鸿陪周总理到休息室。当时,周总理还不知道徐悲鸿是从早晨开始就一直参加大会的。会后,徐悲鸿在参加波兰代表团的宴会上突然感到身体不适,他知道,这是脑溢血复发。

不久,廖静文从家中赶到,田汉、洪深也都来到了徐悲鸿身边。躺在沙发上的徐悲鸿面色苍白,见到廖静文后便示意拿笔来。当时,急救站的医生说:"病人的脉搏和呼吸都正常,应该不会有什么危险,还是让他休息为好。"片刻之后,北京医院来了急救车。当大家将徐悲鸿抬上车时,他已经陷入了昏迷状态。

廖静文搭乘洪深的车赶到北京医院后,见院方临时从西郊友谊宾馆接来的苏联专家正在给徐悲鸿做逐项检查,因错过了治疗的最佳时机,病情恶化了。

在去世前几天,徐悲鸿还颇有感慨地说:"我只想好好地再画一些画……"在北京徐悲鸿纪念馆,有一间复原的徐悲鸿画室,里面陈设着当年徐悲鸿用过的物品,在中间,还有一张未完成的油画——《鲁迅与瞿秋白》。

1953年9月26日清晨2时52分,徐悲鸿逝世。

当天下午,周总理到北京医院向徐悲鸿的遗作告别。他说:"为什么让他从早到晚地开会?徐悲鸿的死,是一个永远无法补偿的巨大损失!"

徐悲鸿逝世后,安葬于北京西郊八宝山革命公墓。

就这样,江南贫侠徐悲鸿经历了58载跌宕起伏人生路之后,带着许多未完成的心愿离开了。

如今,提及徐悲鸿的名字,我们仿佛依然可以听到当年徐志摩的声音:"你爱,你就热热地爱;你恨,你也热热地恨。崇拜时你纳头,愤慨时你破口。"徐悲鸿敢于为了实现理想中的复兴中国美术而措辞尖锐地抨击以马蒂斯为代表的西方现代主义艺术,敢于冒死签名保田汉;敢于对他所喜欢的东西喊出"天下第一",也敢于独持己见,一意孤行。

1978年2月16日,蒋碧薇在台北去世。在晚年,她打开了自己尘封已久的记忆,写下了《我与徐悲鸿》、《我与道藩》归纳自己一生。蒋碧薇在书中依然为当年义无反顾私奔东瀛而庆幸,即使后来不欢而散爱上张道藩,蒋碧薇在心里还留着当年初遇徐悲鸿时的心动。晚年的蒋碧薇也在《我与徐悲鸿》的后记里深深惋惜:

而他自己,更由于他的性格使然,一着错,满盘输,生活既不安定,情绪更感苦闷,于是健康的耗损,严重地戕害了他的艺术生命。时至今日,我敢于说:如果不是这场恋爱事件所导致的一连串恶果,他在艺术上的成就会更辉煌,说不定他还不至于五十八岁便百病丛生地死于北京。

悲鸿艺术观

一　写实人生

徐悲鸿一生以坚持写实著称。他将写实主义作为创作方法运用到中国画、油画、素描写生中去,既是一位融会中西艺术的倡导者和实践者,更是一位创建中国现代美术教育体系的先行者。徐悲鸿曾说:"美术教育是第一位的工作,创作活动只居第二位。"作为20世纪中国杰出的美术教育家,他将西方写实绘画引入中国,其目的在于改变传统文人画因循守旧的绘画之弊。他提倡改革、重视写实,就是针对20世纪初中国画坛摹古画风而进行的一种具有鲜活"时代性"的创新。虽然无论是在当时,还是在现在都有人对他的思想提出种种非议,但是有一点是非常肯定的,那就是在中国画坛上,徐悲鸿提倡的写实主义改变了半个世纪来的中国画的基本面貌。他不仅个人追求写实画风,而且以其为指导思想在中国建立了一整套完备的写实主义教育体系。

徐悲鸿的美术教育活动肇始于南国艺术学院,结束于中央美术学院,期间又包含了北平艺术学院、中央大学艺术系、北平艺专等不同阶段。徐悲鸿教育思想所带来的影响在广度与深度上都是无与伦比的。他在中国建立了美术领域的系统的学院教育体制,成为学院派的创始人。

借助于学院化的教学方案和措施,徐悲鸿积极推行写实主义美术教育理念。在教学方法上,因为徐悲鸿特别重视学生的造型能力的提高,所以他最看重"写生",他所实施的教学方案也均围绕"写生"的要领而展开。这一点,在他推行的写实主义课程教学体系中得到了集中的体现。

◎ 母女图,布上油画,1939年,93 cm×74.5 cm,藏于徐悲鸿纪念馆

为了能够在国内建立起忠实于客观描写的写实主义艺术教育的基础,徐悲鸿早在南国艺术学院任教期间就大力提倡写生和素描。在南国艺术学院开学典礼上,徐悲鸿向学生阐述了学

习绘画的要求:研究艺术务须诚实,学习绘画,即是研究如何表现种种之物象,表现的工具是形象与颜色,形象与颜色即是我们的语言。要做到语言精美,须对宇宙万物有非常精确之研究,与明晰之观察。① 写生起步于素描,其目的在于训练观察和描写的能力。就写实造型而言,作为基础阶段的素描写生是培养学生造型能力一种行之有效的方法。徐悲鸿强调:

> 研究绘画之第一步功夫即为素描,素描是吾人基本之学问,亦为绘画表现唯一之法门。素描优劣,则于一个物象,不能认识清楚,以言颜色更不知所措,故素描功夫欠缺者,其所描颜色,纵如何美丽,实是放滥,几与无颜色等。②

徐悲鸿重视这一方法,与他留学的经历有密切的关系。出于训练学生素描能力的需要,徐悲鸿着意建造画科画室。为了使画室光线充足,徐悲鸿和房东经过多次协商,将租借的房屋屋顶掀起半边,换成玻璃房顶。徐悲鸿要求学生尊重客观事物,要以一丝不苟的诚实态度来认识客观存在,并加以提炼和提高。他教学生练习素描时,要力求刻意勾画,宁方勿圆,宁拙勿巧,要以直线求曲线,以平面求圆面。宁方勿圆,就是通过块面来肯定形体的转折关系,表现对象。当年的学生吴作人深受徐悲鸿的

---

① 王震编:《徐悲鸿研究》,江苏美术出版社,2001年,第17—18页。
② 徐悲鸿:《在中华艺术大学演讲辞》,《徐悲鸿文集》,上海画报出版社,2005年,第15页。

影响,认为"画素描,把轮廓大体画好,定好明暗交界线,大的东西就是这样,不需要这个阶段画到这样,下个阶段再画到那样。"①徐悲鸿本人很重视速写,他在法国的素描习作很多是带有速写性质的。速写要求画家要有很强的观察能力和记忆能力,这是基本功。正如吴作人所言:"基本功就是要锻炼一种精到的眼力,使手服从于眼的指挥,把自己的感受简练概括地发挥出来。要一眼看到全面,敏锐的把它反映出来。"②

◎ 诗人陈散原,炭笔素描,1928年,48 cm×32 cm,藏于徐悲鸿纪念馆

在北平大学艺术学院的就职演说中,徐悲鸿主张国画教学观念的革新,提倡师法造化,号召学习西方写实技法,使之和中国民族绘画的优秀传统相结合,以创造出新颖的、有真感和生气的中国画。但是,北平大学艺术学院的中国画系教师队伍,自北京美术学校成立以来,就一直是"传统派"一统天下,强调笔墨、注重临摹和修习传统文化。在北京美术学校和北京国立专门美术学校时期,中国画系的教师先后有郑锦、

---

① 吴作人:《素描与绘画漫谈》,《美术研究》1979 年第 3 期。
② 吴作人:《素描与绘画漫谈》,《美术研究》1979 年第 3 期。

陈师曾、萧俊贤、贺履之、汤定之、萧谦中、姚华、王云、陈年、陈半丁、朱葆慈、钱达根、汪鸾祥、陈蕃诰等人,这些人大多为北京美术界颇有名望的画家,其中不少人曾经是中国画学研究会成员。当时中国画专业的课程,主修课为中国画实习,内容包括山水、花卉和人物的写生、临摹和创作。对于传统派"摹古"和学习"画谱"的做法,徐悲鸿表示明确的反对:

> 临摹家往往认识不到观察世界的重要意义,错误地把绘事看作只是"笔墨"问题,把眼睛和头脑的作用闲却了,故不可取。①

在《国画与临摹》一文中,徐悲鸿对八股式的"临摹"再次进行批判:

> 我最恨临摹八股式的山水,可是一般学国画的人,老是死劲地抓住八股式山水,没头没脑地临摹,把造化之美,宇宙万物,一古脑儿丢在九霄云外,谁能来几笔临四王山水,仿元人笔意,为是国画大家。②

徐悲鸿接着又将矛头指向《芥子园画谱》:

---

① 徐悲鸿:《与刘汝醴、顾了然谈素描》,《徐悲鸿文集》,王震编,上海画报出版社,2005年,第44页。
② 徐悲鸿:《国画与临摹——新加坡"徐悲鸿教授作品展览会"上的讲话》,《徐悲鸿文集》,王震编,上海画报出版社,2005年,第102页。

"芥子园"之类画谱的出世,不知埋没了多少天才。因为一般人心理,大都喜欢取巧,只要有现成画谱,不必自己挖空心机来构思,花时间去找画材。所以想到画山水花鸟,人物屋舍,画谱上有的是,一举手之劳,都可解决,人人如此,中国画真要走上末路。①

徐悲鸿之所以极度厌恶学习《芥子园画谱》,乃是因为他认为它扼杀了中国全部绘画:

因为有了《芥子园画谱》,画树不去察真树,画山不师法真山,惟去照画谱模仿,这是什么龙爪点,那是什么披麻皴,驯至连一石一木,都不能画,低能至于如此,可深慨叹。②

其实,在林风眠主政的北京艺术专门学校时期,也遇到与徐悲鸿同样的情形。当时中国画的专业课程基本沿袭美专时期的内容。林风眠在中国画教学上,也曾不顾学校传统派的反对,主张"中西调和"的教学观念,并聘请齐白石教授中国画,聘请颜云霖、仝世盛等刚刚毕业的学生担任中国画系各组的助教。但林风眠的中国画教学改革阻力重重,不久,萧俊贤、彭沛民等教授

---

① 徐悲鸿:《国画与临摹——新加坡"徐悲鸿教授作品展览会"上的讲话》,《徐悲鸿文集》,王震编,上海画报出版社,2005年,第102页。
② 徐悲鸿:《漫谈山水画》,《徐悲鸿文集》,王震编,上海画报出版社,2005年,第150页。

纷纷提出辞呈离开学校。在林风眠后来的回忆中,也不无感慨:

> 在艺专内部,国画系为一些保守主义国画家所把持,他们团结得很亲密,只要辞掉一个就全体不干了,单独成立一个系统。①

徐悲鸿希望以西方写实主义改良中国画、提倡写生的中国画教学主张,在势力强大的中国画传统阵营中无法贯彻。吴作人在《追忆徐悲鸿先生》一文中,曾记述了徐悲鸿在艺术学院的际遇:

> 当时他发现北平艺术学院的国画教学基本上是掌握在保守派的手里,而他素来主张对陈陈相因、泥古不化的所谓'传统'要进行改革。他大胆吸收新的以写生为基础训练的主要教学方向,是不见容于当年画必称'四王',学必循《芥子园》的北平艺术学院的。尽管还有少数有新意的画家如陈衡恪、姚茫父等人,但他预见他在北平是孤掌难鸣的。②

徐悲鸿在当时确实是孤立无援的。为了顺利贯彻他的艺术主张,徐悲鸿打算聘请黄宾虹、齐白石、王个簃、蒋兆和等人来校

---

① 李树声:《访问林风眠的笔记》,《美术》1990年第2期。
② 吴作人:《追忆徐悲鸿先生》,《徐悲鸿——回忆徐悲鸿专辑》,文史资料出版社,1983年。

任教,但最终只有齐白石成行。黄宾虹在《改良国画问题之检讨》一文中,曾提到徐悲鸿邀其前往北京共事的打算:

> 徐悲鸿归国,自变作风,曾经南来聘余为北平艺专学校国画主任,因事未往,忽忽将二十年。①

黄宾虹自谓徐悲鸿"南来聘余",说明徐悲鸿曾在北上之前曾专程到上海拜访过黄宾虹。黄宾虹久居上海,在出版界和美术史界影响很大,他和徐悲鸿师康有为有过比较亲密的交往,徐悲鸿与之相识应该也在情理之中。至于徐悲鸿为何力邀黄宾虹并要委之重任,一个很重要的原因乃是徐悲鸿和黄宾虹在艺术创作及艺术观念上有许多共通之处。黄宾虹在当时并非以绘画名世,他到1943年才在上海举办个人第一次画展。不过,黄宾虹绘画有着极高的造诣,傅雷认为"近代名家除白石、宾虹二公外,余者皆欺世盗名。"②在绘画风格上,他开启了中国山水画的一代新风。"他的画真正结束了'四王'一系衰微萎靡的旧状态,开始了雄浑苍莽、深沉内涵、大气磅礴的新时代。"③黄宾虹的山水"发步于他家乡的新安画派和黄山画派"④,而不取时尚推崇的"四王"画风。自主张变法改良的康有为打响声讨"四王"的第一枪以后,以传统摹古的"四王"画风不再独领风骚,而成为人们褒

---

① 黄宾虹:《改良国画问题之检讨》,《黄宾虹文集·书画编》(下),上海书画出版社1999年,第384页。
② 傅雷:《傅雷文集·书信集(上)》,安徽文艺出版社,1998年。
③ 陈传席:《墨神黄宾虹》,《画坛点将录》,北京三联书店,2005年,第72页。
④ 朱金楼:《兼容并涵 探颐钩奥》,《新美术》1982年第4期。

贬之争的中心话题。黄宾虹晚年对"四王"的态度虽属"传统派"一路,但早年和中年却一直对画坛的"四王"习气很是不满。这种认知态度,与反对"四王"终身从事摹古学习的徐悲鸿很是合拍。更重要的是,在对待西方现代主义艺术上,黄宾虹和徐悲鸿都是持否定的态度。在当时大多数画家的眼中,西方现代主义艺术是一种抛弃内容的形式主义艺术,在形式和内容的关系上,把形式的意义推向了极端。徐悲鸿终生都在与形式主义艺术作斗争,而黄宾虹也从传统中国画的美学立场批判这种形式主义倾向:

> 画有三:一、绝似物象者,此欺世盗名之画;二、绝不似物象者,往往托名写意,鱼目混珠,亦欺世盗名之画;三、唯绝似又绝不似物象者,此乃真画。[①]

尽管"绝似物象者,此欺世盗名之画"一语,与徐悲鸿的艺术观念相距甚远,但宾虹仍坚决反对西方现代艺术完全否定创造艺术形象的做法。众所周知,中国艺术是崇尚直觉和感性的,其天性绝不能离开自然,不能离开文学、诗歌,不能离开意境。而西方现代艺术所崇拜的无理性节制的下意识和本能,只强调想强调的因素,忽视了其他心理、精神因素的必要性和重要性。

在当时校长乃至教育总长频繁更迭的时代,徐悲鸿辞职其

---

① 黄宾虹:《黄宾虹画语录(画理)》,上海人民美术出版社,1961年,第1页。

实是迟早的事,对此,徐悲鸿似乎在就任之前就有心理准备。①但从就任到辞职仅仅三个月时间,恐怕是徐悲鸿也未曾料及的。

◎ 徐悲鸿从法国带回的石膏像,现藏于南京师范大学美术学院

---

① 徐悲鸿北上之前,曾和中央大学艺术系学生话别:"我这次去北平时间不会长的,是去看看,也许不久就回来。在我走后,你们的功课由上海的张聿光先生和苏州的颜文梁先生暂代,你们要尊敬和听从这两位先生的指教,要特别努力学习,要和我在时一样。"参见吴作人:《追忆徐悲鸿先生》,《徐悲鸿——回忆徐悲鸿专辑》,文史资料出版社,1983年。

中央大学是徐悲鸿开展美术教育活动最主要的场所。从1928年到中央大学任职,到1946年夏北上就任国立北平艺术专门学校校长之前,徐悲鸿在此执教近20年时间。他通过培养学生、提携新人、聘请同好任教、改革课程等一系列措施,在中央大学积极推行写实主义美术教育理念。

1935年,徐悲鸿担任艺术系主任。在主管西画组及艺术系绘画组期间,为了推行写实主义的美术教育观念,徐悲鸿先后进行了一系列改革措施。当时西画组有徐悲鸿、蔡任达、潘玉良、郑宗谨4位教员。4人之中,除蔡任达属于原有教员外[①],潘玉良、郑宗谨皆是徐悲鸿新聘过来的教员。其中,潘玉良为西洋画组兼任讲师,郑宗谨为西洋画助教。潘玉良(1895—1977年),原名张玉良,曾先后就学于上海美术专科学校、法国里昂中法大学、法国巴黎国立美术学院、意大利罗马国立美术学院。在法国留学期间,潘玉良与徐悲鸿结识。在徐悲鸿的影响下,潘玉良接受了严格的学院派绘画训练。潘玉良出众的写实绘画才能,深得徐悲鸿赏识。1935年潘玉良举办个人画展,徐悲鸿还在《中央日报》发表参观感言:

> 夫穷奇履险,以探寻造物之至美,乃三百年来作画之士大夫所绝不能者也。惟借《芥子园画谱》一册,或家藏世守古人遗迹山水一二,终身摹仿,浪然得名,著

---

① 蔡任达毕业于日本东京美术学校西洋画科,早在国立江苏大学时期,他即被聘为教育学院艺术专修科油画课程讲师。

于今世者,盖不可数计。真艺没落,吾道势微,乃欲求其人而振之,士大夫无得,而得于巾帼英雄潘玉良夫人。

◎ 渔父图,纸本设色,1926年,91 cm×57 cm,藏于徐悲鸿纪念馆

英国绘画腾光辉于大地者,不因康斯太布尔、透纳二人乎?康氏多英国山涯水角,平芜田畴,载车驾马,乔木古寺;透纳则遍游欧陆,跋涉于法意之间安尔伯

山,窥视上帝所造伟丽工程,于以见云霞吐纳,风雨晦暝,万里晴空,森林隐秘。又赴大西洋观察水之波涛汹涌,萦旋荡漾。故其艺千变万化,不可方物。虽写神话,皆如实事。潘玉良夫人游踪所至,在西方远穷欧洲大陆,在中国则泰岱岳,黄山九华,皆吾古人创制山水,建基于不朽之文化者也。潘夫人皆多量撷取其妙象以归。其少作也,则精到之人物。平日所写,有城市之生活,与雅逸之静物,于质于量,均足远企古人,媲美西彦,不若鄙人之多好无成,对之增愧也。①

徐悲鸿不仅对潘玉良"媲美西彦"的写实才能予以高度赞誉,而且还从中国传统艺术衰败的角度看待其艺术风格,认为其写实技巧正是拯救"吾道势微"的良方。这是徐悲鸿"以西洋画改造中国画"思想在学院教育中的具体实践,也是徐悲鸿邀请潘玉良来中央大学任教的直接动因。

徐悲鸿在法国学习西洋画八年,由于不懈的信念与超人

◎ 自画像,布面油画,1931年,100 cm×70 cm,藏于徐悲鸿纪念馆

---

① 徐悲鸿:《参观玉良夫人个展感言》,《中央日报》1935年5月3日。

的努力,他在油画艺术上取得了显著的成绩,学成回国后,也顺理成章成为中国油画界的风云人物。但是,徐悲鸿的志向却是在发展国画上。身份和使命之间的反差,使徐悲鸿的艺术主张在实施的过程中遇到不少困难。为了能够顺利推行"以西方的写实主义改良中国画"的教育思想,徐悲鸿一方面以油画家的身份来扩大其画界的影响力,另一方面又努力塑造并强化其作为国画家的身份。

不过,当时的潘玉良已经担任上海新华艺专油画教学工作,只好采取兼职的方式来中央大学任教。但由于西画和国画实行分组教学的方案,徐悲鸿一时还无法将其写实主义教学理念推广到国画教学中。尽管如此,徐悲鸿还越俎代庖推荐张书旂、蒋兆和分别来中央大学艺术教育科国画组、工艺组任教①。1935年3月吕凤子离开中央大学,徐悲鸿随即担任系主任。在徐悲鸿等人的努力下,艺术系中的国画和西画终于合并为绘画组。国画和西画教学合二为一,为徐悲鸿进一步调整师资结构创造了很好的条件。1935年至1937年,徐悲鸿利用担任艺术系主任之便,先后聘请张大千、高剑父等人前来任教。张大千、高剑父都是当时的国画名家,徐悲鸿聘请他们前来任教,显示了他力图改良中国画的最初愿望。

与徐悲鸿强调"师法自然"一样,张大千也十分重视野外的对景写生。他说:"只我个人的经验,也是我学习的历程来说,要

---

① 当时艺术教育科主任是李祖鸿(毅士),1928年蒋兆和因参加美展的图案别具一格,曾引起李毅士的关注。在徐悲鸿的引荐下,蒋兆和受聘担任中央大学艺术教育科工艺组助教。工艺组解散后,蒋兆和随即任教于上海美专。

想画出成绩来,首重勾勒,次重写生。"他认为只有通过悉心观察大自然,将名山大川熟于心中,下笔才能有所依据。张大千将写生看成是陶冶心胸的一种手段,他指出"要领略山川灵气,不是说游历到过那儿就算完事了,实在要身入其中,栖息其间,朝夕孕育,体会物情,观察物态,融会贯通,所谓胸中自有丘壑之后,才能绘出传神之画。"张大千对"师法造化"的重视和追求,颇合徐悲鸿的艺术主张。早在《中国画改良之方法》一文中,徐悲鸿就明确地写道:

> 故学画者,宜摈弃抄袭古人之恶习(非谓尽弃其法),一一按现世已发明之术。则以规模真景物,形有不尽,色有不尽,态有不尽,均深究之。

徐悲鸿说学古人之法而不抄袭其作品,那便只能对景作写生了。在《张大千画集》序言中,徐悲鸿对张大千的才艺赞赏有加:

> 大千以天纵之才,遍览中土名山大川,其风雨晦暝,或晴开佚荡,此中樵夫隐士,长松古桧,竹篱茅舍,或崇楼杰阁,皆以大千以微解,入大千之胸。……大千代表山水作家,其清丽雅逸之笔,实令欧人神往,故其《金荷》藏于巴黎,《江南景色》藏于莫斯科诸国立博物院,为现代绘画声色[①]。

[①] 徐悲鸿:《张大千画集序》,上海中华书局,1936年。

因为要强调写生的重要性,徐悲鸿还刻意为善临的张大千正名:

> 徒知大千善临摹古人者,皆浅之乎测大千者也!

在徐悲鸿看来,张大千的本领并不是其乱真的仿古绝技,而是他将文人画、院体写实画和民间传统艺术融汇于一炉的创新才能。事实确实如此。张大千通过临摹积累了深厚的文人画功力之后,又从传统自身走向时代性的写实。为此,他大力提倡具有写实倾向的"画家之画":

> 作为一个绘画专业者,要忠实于艺术,不能妄图名利;不应只学"文人画"的墨戏,而要学"画家之画",打下各方面的扎实功底。

在深入研习董源、范宽、石涛一类具有写实趣味的文人画之后,张大千又将自己的兴趣转移到写实性的敦煌壁画艺术,将传统绘画中写实技巧融化到自己的国画艺术之中。张大千同意徐悲鸿以西方写实绘画改良中国画的观念,但他对中西融合仍然保持极为谨慎的态度:

> 一个人若能将西画的长处融化到中国画里面来,看起来完全是中国画的神韵,不留丝毫西画的外观,这需要绝顶聪明的天才。……否则,稍一不慎,就会变成

不中不西、不伦不类,等于走火入魔了。

张大千的成功之处,在于他能"从传统中自由而轻松地汇入了时代的写实主义的思潮中而不失其民族传统的本性"①。这种带有调和色彩的改造与创新,正是徐悲鸿改良中国画的理想状态。聘请高剑父担任中央大学教员,再次体现了这点。

1937年七七事变后,中央大学艺术系迁往四川重庆继续办学。徐悲鸿赴南洋期间,由吕斯百代理艺术系主任。1940年起,吕斯百正式任主任,直至1949年中央大学更名南京大学。吕斯百1921年入江苏省立第四师范学校美术科。1927年入中央大学艺术系,与吴作人、王临乙、蒋仁诸君是同学。受老师徐悲鸿赏识,吕斯百被推荐到法国留学,1929年入里昂美术专门学校,成绩屡考第一,毕业油画《汲水者》被评为首奖。1931年入巴黎国立高等美术专科学校,三年后毕业,游历欧洲。1934年回国,在中央大学艺术系任教,分担系行政工作,成为系主任徐悲鸿的得力助手。根据中国第二历史档案馆的文献资料,至1946年徐悲鸿北上就任北平艺专校长时,艺术系除了主任吕斯百外,尚有徐悲鸿、黄君璧、傅抱石、黄显之、谢稚柳、李瑞年、陈之佛、秦宣夫、周崇淑、胡然、章正凡等11位教授,何作良、马宗符、费成武、张锦鸿4名副教授,马幼梅、汪秋逸、曾宪七、倪则稣、陈志华、谭勇6名讲师和助教,其中副教授、讲师及助教皆为中央大

---

① 林木:《二十世纪中国画研究》,广西美术出版社,2000年,第464页。

学本系培养的学生①。

作为一名成功的美术教育家,徐悲鸿非常重视人才的培养。在中央大学期间,徐悲鸿促成了吴作人、吕斯百、张安治等赴欧留学。这些人在其引导下,都选择了写实主义道路。1943年,徐悲鸿还在居嘉陵江北岸磐溪主持筹办中国美术学院,这所学院是研究院性质的艺术研究机构,其研究、创作队伍基本上是由徐悲鸿在中央大学培养的历届毕业生组成。

尽管徐悲鸿长期在中央大学艺术系从事美术教育工作,但由于形势等诸多复杂的因素,他的写实主义理想并没有得到系统的实施。就任北平艺专校长后,徐悲鸿希望借助自己精心打造的师资队伍来推行写实主义教育体系。新组建的北平艺专大致由三部分人组成,一是中国美术学院的教员,二是原先滞留在北平的教师,再就是从全国各地新聘任的人员。中国美术学院大部分研究员如冯法祀、艾中信、李瑞年、孙宗慰、宋步云、文金扬、陈晓南等,皆进入北平艺专任教,构成艺专教学的主要骨干。

1947年9月,徐悲鸿推行教学改革,将其写实主义素描观扩展到中国画教学中。

徐悲鸿课程教学的核心内容就是"素描与写生"。一般而言,前两年写生是素描教学内容,重在练习写实造型能力,后两年则为专业写生,即"师法造化"②。为了落实这些教学内容,徐

---

① 参见中国第二历史档案馆,卷宗号648,案卷号3922。
② 徐悲鸿的"造化"是一个泛化的概念,它不专指"自然",如山水风光,他讲的"造化"是"人化的自然",其实更加侧重于对人的表现。因为毕竟素描训练最后落脚点也在对人的"造型"表现上,这也便于学生找到对应,容易产生教学效果。

悲鸿自有非常"严格"的教学步骤。除了有前后两阶段的不同侧重外,每一阶段都有其对应的目标和具体过程。第一阶段的素描教学,主要在室内的素描教室进行,其学习内容的顺序是:石膏几何形体、石膏人像、人体模特、人像,以慢写的长期作业为主,兼有默写和速写训练,一切严格按照"新七法"理论,最终达到"惟妙惟肖"的目标。第二阶段是专业教学,以工作室教学为主,室内室外并举。

徐悲鸿实施的教学方法均围绕"写生"的要领而展开。针对素描造型的特点与现代教学需要"量化"课程内容,他提出了"新七法",并要求教员分工,各本专长,而不要学生专学一位教师,更不要学生专学一国的画,而要中西兼顾。徐悲鸿的中国画教学是以西方绘画作为中国画变革唯一的参照对象,因而其中国画教育模式也只能是西方油画教育模式的一种延伸。徐悲鸿将国画专业修业时间定为五年,前两年必须学习素描,达到观察描写造物的静态而后再以积久之功力,进而达到捕捉其动态。其后三年专科中,必须学到十种动物、十种翎毛、十种花卉、十种树木以及界画,使得每位学生具有中等以上的禀赋。徐悲鸿意欲让他的学生,在普学两年素描之后,变更工具,师法造化,从而走向他所标举的"新中国画"创作。徐悲鸿的做法,意在通过素描训练培养学生深入观察对象的能力,由此获得具体而不浮泛的造型手段。在《新国画建立之步骤》中,徐悲鸿再次强调了素描教学的重要性:

素描为一切造型艺术之基础,但常常事了,仍功效不大,必须有十分严格之训练,积稿千百纸方能达到心手相应之用。在二十年前,中国罕能有象物极精之素描家,中国绘画之进步,乃二十年以来之事。故建立新中国画,既非改良,亦非中西合璧,仅直接师法造化而已。但所谓造化为师者,非一空言,既能兑现,而不注重素描便会像郎世宁或者日本画者,乃是一套模仿古人之成见。试看新兴作家如不佞及叶浅予、宗其香、蒋兆和等诸人之作,便可证此中成见之谬误,并感觉到中国画可开展之途径甚多,有待于豪杰之士发扬光大,中国艺术应是如此。读万卷书,行万里路,或为一艺术家之需要。尊重先民之精神固善,但不需要乞灵于先民之骸骨也①。

徐悲鸿认为素描是一种科学,因为它能非常写实地反映客观真实,在这点上比中国传统造型技巧完备而先进。徐悲鸿曾将素描比作数学,意在说明素描之于绘画的重要性。出于中西画种特点的不同,徐悲鸿对中国画教学的改革并不是机械套用油画教学方案。在教学计划的安排上,徐悲鸿根据画种的不同需要,有区别地做课程安排,包括融会传统的造型法则。他经常把"致广大而尽精微"用在素描教学上,借以指导观察、分析、综合造型的工作,从而有效地掌握造型能力。"精微"和"广大"是事物的对立统一规律,在艺术上也称之为多样统一。从造型角

---

① 徐悲鸿:《新国画建立之步骤》,《世界日报》1947年10月16日。

度看,就是指局部和全局的统一、细节和整体的统一。要把各种造型因素如实地、科学地找到它们之间相互关联、把种种细节和局部统一成为一个完整和谐的形体,必须通过正确的观察、进行科学的分析和艺术的综合。

从自己长期在海外求学的经历和体验出发,徐悲鸿在教学上对学生学习有严格的要求。他鼓励学生学习绘画要做到"拳不离手,曲不离口",要立志画一千张素描。徐悲鸿的素描教学体系,基本上属于西欧的

◎ 日长如小年图,纸本设色,1931年,80 cm×47 cm,藏于徐悲鸿纪念馆

传统,但在素描技法和形式美感上有其自身的特色,特别是对虚实的处理和线描的运用,很有民族绘画的情致。

其实,中国画发展到近代开始式微,"演进"与"改良"中国画成为当时中国画家所面临的共同新课题。徐悲鸿将西方写实绘画引入中国,其目的在于改变传统文人画因循守旧的现象。他提倡改革、重视写实,就是针对20世纪初中国画坛摹古画风而

进行的一种具有鲜活"时代性"的创新。徐悲鸿取法西方古典写实绘画,力倡用"写实主义"改造中国画,强调"尽精微、致广大","惟妙惟肖","直接师法造化",特别是他的"素描是一切造型艺术的基础"论,在画史上产生了划时代的效果,宣布了从顾恺之到任伯年一千多年间勾线填色形式的大体结束和一代新形式国画的诞生。

由于特定的时代因素与众多的人为因素,徐悲鸿中国画教育思想不仅仅是一种个人行为,只影响到受教于他的弟子与学生,准确地说徐悲鸿的中国画教育思想在当时几乎成为一种精神或理念,影响了一代中国人,并波及至今。徐悲鸿生活的年代,中国教育的基本出发点在于造就对社会有用的人才,徐悲鸿中国画教育思想的本质也正体现在这一点上。无论是动乱的年代,还是新中国成立后的和平时期,徐悲鸿设定的中国画教育目的都在于培养反映社会现实、突出思想表现的艺术家,期望他的学生都能为人生而艺术,中国画创作要有思想性、进步性,甚至也应与政治

◎ 石膏像,布上油画,46 cm×27 cm,藏于徐悲鸿纪念馆

性相一致。为了实现这一教育目的,徐悲鸿选择写实造型应该说是最好的方式,他立定于客观"真实"世界,力求"物象"形态直呈画面。这种侧重于思想性表现与写实基本功的训练方式,突出地表现在中国人物画领域。在以人物为主的画面上,他尤其须强调思想性的创作意趣,人物的真实感显得特别重要。

徐悲鸿对写实技术和基础素描一意孤行地坚持,导致他的思想以及绘画对学生产生近乎独断的学院派影响。徐悲鸿的美术主张和教学体系在实施和推进过程中却遇到了来自社会诸方面的各种挑战。从1920年到1930年代的"二徐论争"、"师徒名分之争"到1947北平艺专三教授反对教改事件,徐悲鸿一直处于舆论的旋涡地带,人们指责徐悲鸿提倡写实、反对临摹代创作的方法破坏了中国画原有的教学传统。可是我们也发现他的大多数学生十分情愿地陷入这个对于中国画家来说是崭新的领域,并对他们老师的教诲铭记在心,诸如吕斯百、吴作人、张安治、谭勇、吕霞光、孙多慈、顾了然、文金扬、宗其香、艾中信、张倩英、孙宗慰、陈晓南、冯法祀等,都是徐悲鸿精心培植起来的俊彦。抗日战争爆发之后,徐悲鸿在北平艺专也深深地影响了黄显之、董希文、李瑞年、李宗津这样一些年轻人。不仅如此,像傅抱石、蒋兆和、吕斯百、王临乙、滑田友、袁晓岑等许多后来走向成功的艺术家,也都得力于徐悲鸿的发现、支持与帮助。

无疑,徐悲鸿中国画教育思想有其积极的一面,他试图调和中国传统人文精神与西方科学方式,他顺应了时代的需要,为当时社会带来的影响是积极的、有效的。徐悲鸿试图利用"科学"的教育手段来改变中国传统的思维模式,并进而解决中国当时面临的各种问题。在中西两种文化心理结构的对抗和冲突中，徐悲鸿形成了自己独特的文化认知模式，并通过教育教学的方式将自己的思想和价值观赋予他人。从文化教育学角度看，任何试图用新思想代替传统的想法，都会受到不同程度的拒绝。撇开徐悲鸿个人"独持偏见，一意孤行"的独断风格来看，写实主义之于中国的重要性就正如张之洞、李鸿章等人努力下的实业之与军工业的必要性一样。写实绘画基于一种观察世界的方法，尽管时间使得更多的意识渗入其中，但是，接续欧洲的现代主义不等于可以跳过写实主义，作为一门科学——文艺复兴时期对艺术的界定，写实方法无疑应该是中国艺术家需要掌握的技艺①。徐悲鸿所处的时代，民族的复兴是所有领域首要与根本的任务，徐悲鸿顺应了时代潮流，开拓了令世人为之瞩目的现实主义道路。

世纪恩怨

当年徐悲鸿的上海求学受挫一事，播下了他与刘海粟半个多世纪的恩怨种子。随着徐悲鸿日后的名声大震到领军画坛，

---

① 惠蓝：《康有为"中国画改良论"及陈独秀"美术革命"之我见》，《广东与二十世纪中国美术国际学术研讨会论文集》，183—202页。

直至过世,这一段恩怨都似乎从未消停。

1953年,徐悲鸿给时任文化部常务副部长的周扬写了两封信。在信中,徐悲鸿抗议刘海粟出任华东美专校长,原因是"刘海粟在上海沦陷时期与日本人有过勾结,充当汉奸"。

在这点上,刘海粟从来没有承认过自己是汉奸。他曾对自己的学生说:"许多人批评我办画展不应该请日本人到场,我的想法不一样。你日本人再骄傲,地位再高,你还是要来给我捧场,恭维我,这不是耻辱,这是自信!"但是,刘海粟客观上又与日本海军武官府长近藤少将,盐田大尉,冈部顾问等人接触密切。另外,在1944年刘海粟与比他小二十多岁的夏伊乔的结婚典礼上,担任主持人的是大汉奸陈彬和,日本军部首要人物川本芳太郎与高岛阙次郎都亲自到刘海粟家中祝贺。

◎ 刘海粟(1896—1994)

在我看来,徐悲鸿的判断中不免带有较多的意气成分,当年的穷少年徐悲鸿满怀热情地进入了刘海粟刚创办的上海美专,教学条件和师资力量都相当薄弱,失望而归,难免有上当受骗的想法。

当我们回头再看那段历史,刘海粟作为一个私立上海美术专科学校的校长,与国立艺专不同,学校要在复杂的上海滩生存、发展,不可能活在真空之中,有些事情亦有情可原。

2012年2月,我在浙江宁波市博物馆看了"沧海一粟——刘海粟美术精品特展"。开幕式当天,刘海粟的子女中唯一学画的刘蟾回忆说:"父亲一直对我们子女说,要不断追求,自强不息,身有一技之长才能立足社会。他告诉我,习画先要练心、练气,一个人只有内心大气沉稳,画画才能大气。"

刘海粟一生酷爱画画,在长达70多年的绘画生涯中,不断摸索,致力于"中西融合"的艺术追求。他在不同的历史时期,画风都有着明显的变化。这种变化,是技与艺在实践中的自然升华。他早期的写生作品线条结构等比较写实,中期作品笔触老辣浑厚,晚期则奔放自由。尤其是1980年之后的作品,刘海粟将中国画技法运用得炉火纯青,水墨交融。这样的作品只有毕生致力于艺术的大家才能画出来。

◎ 刘海粟,望仙台烟云,68 cm×136 cm,水墨,1981年

徐悲鸿于1927年留学回国,在南京中央大学艺术系任教。

同年,刘海粟赴欧洲留学并于1931年在教育部的电促下回国,1932年10月15日至31日,上海市政府在"湖社画会"①会所为刘海粟举办"刘海粟欧游作品展览会",展出他旅欧期间及新旧作225幅。② 前两天出版的《晨报晚刊》为此刊出特刊,登有刘海粟肖像照片及部分中国画、油画作品,并刊有吴铁城的《序》、陈公博的序《展览会序》、沈恩孚《展览会图目序》、蔡元培《海粟先生欧游新作》、章衣萍《刘海粟先生》、陆费逵《海粟之画》、潘公展《当代画宗刘海粟大师》诸文。应邀出席展览会者有蔡元培夫妇、李任潮、杨杏佛、叶恭绰、吴经熊、劳敬修、荣宗敬、吴凯声、程霖生、王一亭、钱新之、舒新城、杜月笙、史量才、陈其采、潘公展、王晓籁等,上海市长吴铁城致词,高度评价了刘海粟在艺术方面所取得的成就:

当代画宗刘海粟氏,吾国新兴艺术之领袖,前于十

---

① 湖社画会创办于1919年,它的前身是"中国画研究会",由北洋政府投资,总统徐世昌亲自批准,同清华大学、同济大学和中法大学同期创办。湖社画会的创始人是金北楼,也是首任会长。由于金北楼先生在社会上的地位及在书画领域的成就,加之总统徐世昌的支持和认可,湖社画会在创办初期便得到了社会广泛的支持,在短短六七年的时间里使湖社画会不仅名人荟萃,而且人才辈出,成绩斐然。1926年金北楼英年早逝后,为了继承金北楼先生遗志,以周肇祥先生、齐白石先生等为首的湖社弟子发起的"东方绘画协会中国本部"在北京成立,正式取名"湖社画会",由周肇祥先生担任第二任会长。湖社画会会员达200余人,在周肇祥先生和齐白石的努力下,1927年《湖社月刊》创刊。《湖社月刊》以"提倡艺术,阐扬国光"为方向,除刊登古今书画外,旁及历代金石文器,时贤诗词,论说办刊宗旨,是一本综合性的图文并茂的文化艺术专刊,数十年间发行于社会各界,在书画界流传,不仅宣扬了湖社画会的办会理念和精神,而且对推动中国美术的发展起到了不可磨灭的作用与贡献。1937年以后,抗战爆发,"湖社画会"被迫停办。

② 作品分为欧游之作(油画109幅)、巴黎临摹(油画8幅)、归后新作(油画26幅)、欧游前作(油画46幅)四个组合,以及历年所作中国画36幅,共225幅。展品二百二十余件,展至17日。参见《申报》1932年10月16日。

八年(1929年)一月衔教育部命,赴欧考察美术,纵览法、意、德、比、瑞士诸邦之名迹,遍观希腊罗马与文艺复兴以还之杰作,抗心希古,独往摩挲,复以其旅途印象心灵所感于三年中写成杰构二百余幅。……中国之有新兴艺术,刘氏实为首先倡导之一人,其所以有叛徒之名者,亦以其二十年来孜孜文化事业之心力之精神,创立新艺术之基耳。①

10月16日出版的《上海画报》也为刘海粟欧游作品展览会出版特刊。刊有蒋介石的题词"海天鸿藻",马相伯题词"西崇实地,中尚虚神,以薪传薪,谁主谁宾",陈树人题词"艺术革命之先导",吴稚晖题词"前无古人,后无来者",林森题词"百折不回",以及叶恭绰、狄平子、顾树森、曾今可、徐新六等人的评介文章。曾今可在文中说:"刘海粟先生是一个中国的伟大艺术家,同时是个世界的美术家,他的画已经有了国际荣誉,被法国政府购藏于巴黎国家美术馆,且被誉为'中国文艺复兴的大师',国内从事艺术者,多半出自他门下。"曾今可在文中并未提及徐悲鸿的名字,但他随后又在《新时代》发表了短文《刘海粟先生欧游作品展览会序》,文中明确提到"国内名画家如徐悲鸿、林风眠……等,都是他的学生。"②

徐悲鸿认为那篇文章是对他的侮辱,遂于1932年11月3

---

① 袁志煌、陈祖恩编:《刘海粟年谱》,上海人民出版社,1992年,第100—110页。
② 曾今可:《刘海粟先生欧游作品展览会序》,《新时代》1932年第3卷第3期。

日在《申报》上刊出一则《启事》：

　　民国初年，有甬人乌某，在沪爱尔近路（后迁横浜路）设一图画美术院者，与其同学杨某等，俱周湘之徒也。该院既无解剖、透视、美术史等要科，并半身石膏模具一具也无，惟赖北京路旧书中插图为范，盖一纯粹之野鸡学校也。时吾年未二十，来自田间，诚慇之惑于广告，茫然不知其详；既而，鄙画亦成该院函授稿本，数月他去也。乃学于震旦，始习素描。后游日本及留学欧洲。今有曾某者，为一文载其杂志，指吾为刘某之徒，不识刘某亦此野鸡学校中人否？鄙人于此野鸡学校，固不认一切人为师也。鄙人在欧八年，虽无荣誉，却未尝持一与美术学校校长照片视为无尚荣宠。此类照片，吾有甚多，只作纪念，不作他用，博物馆画，人皆有之，吾亦有之。既不奉赠，亦不央求。伟大牛皮，通人齿冷，以此为艺，其艺可知。昔玄奘入印，询求正教；今流氓西度，惟学吹牛，学术前途，有何希望？师道应尊，但不存于野鸡学校。因其目的在营业欺诈，为学术界蟊贼败类，无耻之尤也。曾某意在侮辱，故不容缄默。惟海上鬼域，难以究诘，恕不再登，伏祈公鉴。①

刘海粟显然被徐悲鸿这则启事激怒了，1932年11月5日他在《申报》刊出启事，回击徐悲鸿：

---

① 徐悲鸿：《徐悲鸿启事》，《申报》1932年11月3日。

第三卷第三期《新时代》杂志，曾今可先生刊有批评拙作画展一文，曾先生亦非素识，文中所言，纯出衷心，固不失文艺批评家之风度。不谓，引起徐某嫉视，不惜谩骂，指图画美术学院为野鸡学校。实则图画美术学院即美专前身，彼时鄙人年未弱冠，苦心经营，即以徐某所指，石膏模型一具都无而言，须知在中国创用"石膏模型"及"人体模特儿"者，即为图画美术院，几经苦斗，为国人共知，此非"艺术绅士"徐某所能抹杀。且美专二十一年生徒遍海内外，影响所及，已成时代思潮，亦非一二人所能以爱恶生死之。鄙人身许艺学，本良知良能，独行其是，谗言毁谤，受之有素，无所顾惜。徐某常为文斥近世艺坛宗师塞尚、马蒂斯为"流氓"，其思想如此，早为识者所鄙，今影射鄙人为"流氓"，殊不足奇。今后鄙人又多一"艺术流氓"之头衔矣。惟彼日以"艺术绅士"自期，故其艺沦于"官学派"而不能自拔。法国画院之尊严，稍具常识者皆知之，奉赠既所不受，央求亦不可得，嫉视何为？真理如经天日月，亘万古而长明，容有晦冥，亦一时之暂耳。鄙人无所畏焉。①

引起双方论争的曾今可也在《申报》刊出《启事》：

昨阅《申报》徐悲鸿先生启事，以《新时代》月刊三

---

① 刘海粟：《刘海粟启事》，《申报》1932年11月5日。

卷三期拙稿《刘海粟先生欧游作品展览会序》一文为"意在侮辱"。查今可认识徐悲鸿先生在认识刘海粟先生之前,彼此都是朋友,固无所厚薄,拙文中亦无侮辱徐先生之处。此启。①

11月7日,《中华日报》副刊《小贡献》转载了徐悲鸿、刘海粟、曾今可三人的《启事》,并发表了编后评论,对徐悲鸿的过激行为提出了委婉的批评:

> 徐悲鸿先生艺术之成功,国人自有定论。除开继续地努力研究创作外,可不必管自己是不是谁人的"徒",而"徒"之为荣为辱为毁为誉,实无伤于自己艺术的价值。就是要批评海粟先生的画,也应站在纯粹的艺术批评的立场上,真不必拉杂出许多"野鸡"、"照片"、"吹牛"、"画院"、"流氓"等等和艺术批评无关的问题。而海粟先生呢,自己做了艺术的"画宗"、"大师"、"领袖",当然免不了许多非画宗大师和领袖的艺术家要做叛徒。而刘先生之得今日,正是由于叛徒之努力,对于艺术的叛徒们,应当鼓励之不暇,又何必以"艺术绅士"之恶名向人家对骂?这未免有一点失了艺术的画宗大师、领袖的风度。

---

① 曾今可:《启事》,《申报》1932年11月5日。

11月9日,徐悲鸿再次在《申报》上刊出《启事》:

> "海粟启事"谓不妄"法国画院……",此又用其所长厚诬他人之故智也。人体研究务及精确,西洋古今老牌大师未有不然者也。不佞主张写实主义,不自今日,不止一年。试征吾向所标榜之中外人物与所发表之数百幅稿与画,有自背其旨者否?惟知耻者,虽不剽窃他人一笔,不敢贸然自夸创造。今乃指为院体,其彰明之诬如此。范人模型之始于中国,在北京、在上海,抑在广东,考证者当知其详。特此物用,用在取作师资,其名之所由立也。今立范而无取,是投机也。文艺之兴,须见真美,丑恶之增,适形衰落。"日月经天,江河行地",伟大牛皮!急不忘皮,念念在兹。但乞灵于皮,曷若乞灵学。学而可致,何必甘心认为流氓,笔墨之争,汝乃不及(除非撒谎)。绘画之事,容有可为,先洗俗骨,除骄气,亲有道,用苦功,待汝十年,我不诬汝。(乞阅读诸公恕我放肆,罪过,罪过。)

被徐悲鸿称之为"鬼域"的30年代上海艺坛,刘海粟声名可谓如日中天,但刘海粟随性而为、不拘绳墨的反叛个性也使其极具争议性。第一次全国美展评论员胡根天之所以对刘海粟评价不高,不了解甚至误解占了很大的成分。[①] 尽管如此,刘海粟依

---

① 胡根天:《看了第一次全国美展西画出品的印象》,《艺观》1929年第3期。

然得到业界同行的推崇。1932年10月21日发行的《艺术旬刊》专为刘海粟欧游画展特刊,刊有倪贻德《刘海粟的艺术》、柳亚子《刘海粟先生印象记》、曾今可《刘海粟先生欧游作品展览会》、龚必正《读了海粟先生的油画以后》、郑午昌《从海粟专刊说道画展》等评介文章。① 其中,龚必正称赞刘海粟是"天分绝高的努力主义者,他是不固步自封而时刻向前探讨的勇士,他是时代伟力的一员战将。他底画,整个地象征出他自己个人的精神。"②

刘海粟不仅受到中国同行的推崇,在世界艺术之都巴黎也受到了外国同行的肯定。1931年6月刘海粟在巴黎举行个人画展,法国政府以五千法郎的重金购藏了刘氏的油画《卢森堡之雪》,存于亦特巴姆美术馆。法国艺评家路易·赖鲁阿以《中国文艺复兴大师》为题为画展撰序,认为"刘海粟确是一位'大师'……这不但是中国文艺复兴的先锋,即于欧洲艺坛,亦是一支生力军。"③

徐悲鸿和刘海粟的这场论战,表面上似乎是师徒名分之争,实际上是不同艺术观念而引发的又一次交锋,只是论争的形式不同而已。如果回到1919年之前,这样的争论也许就不会发生。因为那时的徐悲鸿和刘海粟都是"写实"绘画的忠实信徒。刘海粟习画之初原本崇尚的是西方古典绘画,于他而言,西洋写实绘画就是进步的表征。早在1909年14岁的刘海粟在上海周湘主持的"背景画传习所"学西洋画时,就自己选购了西洋画册,

---

① 《刘海粟欧游画展特刊》,《艺术旬刊》1932年第1卷第6期。
② 袁志煌、陈祖恩编:《刘海粟年谱》,上海人民出版社,1992年,第110页。
③ 袁志煌、陈祖恩编:《刘海粟年谱》,上海人民出版社,1992年,第101页。

研究伦勃朗、戈雅和委拉士贵支等人的油画艺术。同所有倾心于西方先进科学文化的知识分子一样,刘海粟将自己的全部热情倾注到西方写实绘画艺术中。当时人们对西画的认知多数仅限于科学与写实的观察,即利用科学原理,表现光影与焦距,相较之于中国线条及平面式的随性之作,形成了鲜明的对比。在上海图画学校时,刘海粟等人便将写生画应用于教学实践中:

> 绘画之崇尚实写,久为世界学者所公认。盖绘画须求真美,求真美非从实写不可。吾国画学向尚摹写,其于物体真相、光暗、色彩模糊影响,即有一二名手亦多似是而非。数百年来师以是教学,以是承辗转模仿,讹谬相沿,驯至吾人固有之聪明,日蔽一日,依赖的习性,亦日深一日,而画学遂不堪闻问。①

刘海粟十分强调写生的重要性,1913年带学生于苏州河畔写生,1915年画模特儿,1918年组织"野外写生团"以及1917年到20年代初的"模特儿事件",都显示了刘海粟甘为"写生"献身的殉道者精神。1918年12月7日,刘海粟在法国总会参观英国画家数十人的风景、人体写生和肖像作品后,著文指出人体写生是西洋画的基础,国人应予以提倡:

---

① 上海图画学校:《上海图画美术学校函授部加课写生画之趣旨》,《美术》1919年第2期。

> 如解剖学、生理学、色彩学等无不加以精深之研究,其艺术之精妙,宜在我国传神之上矣。今吾国之西洋美术尚在萌芽时代,学者仅习皮毛,摹稿也,临摄影也,期脑筋中于人体写生数字,恐多未能了了……欧西各国美术学校,无不以人体写生一科为主要;即如日本之东京美术学校,亦须木炭人体三年,油画人体写生一年。①

刘海粟强调系统的训练,实际上也就是在造型上提倡一种严格的科学态度。学院既然要强调写生,而人体又是西方绘画中难度最大的,刘海粟坚持这个信念,这就无可争议地使他成为了"实物写生论"的一面旗帜。"吾人宜乘此将亡未亡之际,师欧美诸国之良规,挽吾国美术之厄运。"②在1919年参观了法国总会美术博览会后,刘海粟依然对写实性的绘画和雕塑赞叹不已。他在12月7日《参观法总会美术博览会记略》一文有云:

> 某氏之像及某将军像、基督像,其面部均用原色调和,笔阵纵横,神采毕现,数帧相较,其色彩无一相同;气候有早有晚,又因各人肌肉的颜色有异,与气候之所感,又有不同,而幻变其色彩,光泽可爱,令人起敬。非吾国之绘肖像,不论其老少其本人之肌肉颜色,皆以一

---

① 刘海粟:《参观法总会美术博览会记略》,《美术》第2期1919年6月。
② 刘海粟:《组织美术研究会之缘起》,《申报》1918年10月6日。

种赭石傅之,即可了事也。考西洋画史,肖像之由来,较中国之为后,洎乎今日,学理骎深,如解剖学、生理学、色彩学等无不加以精深之研究,其艺术之精妙,宜在我国传神之上矣。吾国旧社会上画师之传神,本称专技,无如拘守成法,不求学理,陈陈相因,以讹传讹,以致愈趋愈下。所愿后之画肖像者,对解剖学务须精其研究,于入手时,当于石膏模型尤宜加意练习。……余以为西洋画固以真确为正鹄,中国画亦必以摹写真相,万不可摹前人之作。①

刘海粟秉信中国画复兴的出路,在于输入西画的写实精神。在对传统绘画问题的认识上,刘海粟跟徐悲鸿一样,也是从反对因袭摹仿的传统国画中认识到写实的必要性,批评当时画界临画之流弊。"返观吾国之画家,终日伏案仿前人画派,或互相借稿仿摹以为研究张本,并以得稿之最多者为良画师焉。故画家之功夫愈深,其法愈呆;画家之愈负时誉者,画风愈糜,愈失真美。"②

五四运动之后,文化艺术界开始改变全盘西化、惟科学是从的偏执态度,一度崇拜西方写实绘画的刘海粟在关注民族美术传统的同时,也逐渐将兴趣转向后期印象主义。早在1921年,刘海粟从日本美术中受到启发,撰写了《日本新美术的新印象》

---

① 刘海粟:《参观法总会美术博览会记略》,《美术》第2期1919年6月。
② 刘海粟:《画学上必要之点》,《美术》第2期1919年6月。

一文,表现出对科学与艺术同一关系的疑虑:

> 国民教化的发达,如果有智的倾向,能表白民族有强健的思想;但从智性所产生的艺术却令人感觉有冷淡的性质。科学以理智为最上的权威,艺术却不然。他是以超越理智、能发露本来的美性为贵。①

1922年1月,刘海粟在北京创作了一批带有后期印象主义的风景写生画,并在蔡元培的帮助下举办了自己生平的第一次个展。在《介绍画家刘海粟》一文中,蔡元培不无赞许地指出:

> 刘君的艺术,是倾向后期印象主义。他专喜欢描写外光,他的艺术纯属直观自然而来,忠实的把对于自然界的情感描写出来,很深刻地把个性表现出来,所以他画面上的线条里,结构里,都充满着自然的情感。他的个性是十分强烈,在他的作品里处处可以看得出。他对于色彩和线条都有强烈的表现,色彩上常用极反照的两种调子相互结构起来,线条也是很单纯很生动的样子,和那些细纤女性的技巧主义,是完全不同的。他总是绝不修饰,绝不夸张,拿他的作品分析起来,处处又可以看出他总是自己走自己的路,自己抒发自己

---

① 刘海粟:《刘海粟艺术文选》,朱金楼、袁志煌编,上海人民美术出版社,1987年,第200页。

要抒发的情感。就可以知道他的制作,不是受预定的约束的,所以刘君的艺术得来的成功,或者就在此。①

当刘海粟在第一次欧游回国时,较之早期作品,其技法已经大有长进,但其油画的后印象派风格取向依然没变,蔡元培再次为之喝彩:

> 海粟先生之画,用笔道挺,设色强炽,颇于Gauguin及物 van Gogh 为近,而从无摹仿此二家作品之举。常就目前所接触之对象,而按其主观之所剧感,纵笔写之,故纵横如意,使观者能即作品而契会其感想。②

蔡元培对刘海粟艺术的认定,已经不再受写实主义观念所囿,而是为其色彩的强烈与个性的感情表达所吸引。诚然,在蔡元培看来,刘海粟的艺术在造型上不拘泥于"描头画角的家数",但其色彩与后印象派的切合却也体现出色彩科学原理在绘画中的运用,这与其科学美育教育旨趣并无抵触。

毫无疑问,刘海粟是那一代人中最早回归传统的一批西画家。事实上,20—30年代,在西画家中像刘海粟那样对中国画有过系统研究的人也是寥若晨星。刘海粟先后发表了《中国画派

---

① 蔡元培:《介绍画家刘海粟》,《蔡元培全集》(第4卷),中华书局,1984年,第141页。
② 蔡元培:《题〈海粟近作〉》,《蔡元培全集》(第5卷),中华书局,1984年,第85页。

之变迁》《中国画的点》《何谓气韵》《中国画家之思想与生活》《中国画与诗书》《中国画之精神要素》《体画与文人画》《中国绘画之演进》《中国绘画上的六法论》和《中国画学上的特征》等颇具分量的理论文章,通过对传统艺术精神的深入体味,刘海粟最终摆脱了写实主义的禁锢:

> 譬如欧洲封建社会艺术末流的学院派的风格,不问其是否合乎中国前代艺术的特质,就盲目移植过来……所以,你无论如何吸收、模仿,并对中国艺术毫无助力的,这其实是对于己民族艺术的本质没有认识的缘故。①

20年代,上海画坛随着西方后印象派、野兽派、表现主义和立体画派的传入,国画界相应兴起了"石涛、八大"的热潮,这是对西方现代艺术的积极回应,也是民族绘画内省与外化交错的必然结果。在这次民族化国画运动中,刘海粟堪称先锋性人物,吹响了第一声号角。刘海粟很推崇石涛的艺术:"看似无法而实际上变古为我法,想象力丰富,构图新颖自然,笔墨纵肆潇洒,充满了昂扬的激情和旺盛的生命力,作品面貌千变万化。"②刘海粟惊奇地发现,西方现代艺术的诸观念早在石涛一类古代画家那

---

① 刘海粟:《两年来中国之艺术》,雷震编:《中国新论》,四、五合刊,1937年4月25日。
② 刘海粟:《石涛的艺术及其艺术论》,《刘海粟艺术文选》,朱金楼、袁志煌编,上海人民美术出版社,1987年。

里即已存在：

> 观夫石涛之画，悉本其主观情感而行也，其画皆表现而非再现，纯为其个性、人格之表现也。其画亦综合而非分析也，纯由观念而趋单纯化，决不为物象复杂之外观所窒。至其画笔之超然脱然，既无一定系统之传承，又无一定技巧之匠饰。……后期印象派乃近今欧洲西画坛振动一时之新画派也。……与三百年前中国之石涛，真所谓风马牛不相及也。然而石涛之画与其根本思想，与后期印象派如出一辙。现今欧人之所谓新艺术、新思想者，吾国三百年前早有其人溶发之矣。吾国有此非常之艺术而不自知。①

刘海粟此文的深意，不在石涛是否印象派，也不在自己是否印象派，而是为自己艺术中的表现性正名。尤其重要的是，当刘海粟在为自己正名时，也为他对中国传统国画价值的态度作出了修正。他称颂石涛绘画"画笔之超然脱然，既无一定系统之传承，又无一定技巧之匠饰"，这与徐悲鸿学院派科学写实观完全是背道而驰的。刘海粟甚至认为：

> 观石涛之《画语录》，在三百年前，其思想与今世所

---

① 《时事新报·学灯》1923年8月25日，又见《国画月刊》第10期，1936年10月7日。

谓后期印象派、表现派完全契合,而陈义之高且过之。呜呼,真可谓人杰也!其画论,与现代之所谓新艺术思想相证发,亦有过之而不及。呜呼,真可谓人杰也矣!①

在刘海粟看来,中国画并不逊于西方现代艺术,尤其在精神境界上,甚至还要过之。号称"艺术叛徒"的刘海粟,也由此从早年鄙视的中国传统艺术中找到了中西绘画的共通之处。他的这种思想转变,已经与秉守写实主义信念的徐悲鸿格格不入。值得注意的是,曾经被徐悲鸿指斥为"无耻"的后期印象派代表人物塞尚,刘海粟早于1921年就在自己主持的上海美专《美术》杂志上给予了专题介绍。② 中国人开始接触塞尚,是在风雷激荡的大革命前夜。第一个见到塞尚作品复制品的中国人,可能是留日的李叔同,③这大约发生1905—1909年间,但从其自画像来看,他更多是步印象派后尘,而非蹈塞尚故辙。

与徐悲鸿竭力贬低西方现代艺术的做法不同,刘海粟试图从史学角度探讨学院派西方写实主义和现代诸派的辩证关系:

现代绘画除了反对学院派的作风外,对于过去固有的传统并没有叛离。绘画既不受学院派的束缚,画

---

① 《时事新报·学灯》,1923年8月25日;又见《国画月刊》1936年10月7日第10期。
② 1921年7月,上海美专的《美术》杂志曾出版"后期印象派专号",收入了琴仲的《后期印象派的三先驱者》、刘海粟的《塞尚的艺术》、吕澂的《后期印象派绘画和法国绘画界》以及俞寄凡的《印象派绘画和后期印象派绘画的对照》等文章。
③ 李叔同(1880—1942),法号弘一法师。中国新文化运动的前驱,卓越的艺术家、教育家,先后培养出了名画家丰子恺、音乐家刘质平等一些文化名人。

家在制作方面,就有了自由,于是各画家各自完成了一种特殊的技巧(狭义的)。现代画坛气象的复杂,实在是各种不同技巧的反映。

> 技巧既随各作家而不同,它的本身就各有其妙处。……比如一张与拉斐尔或提香,亘千古而不变;他们以为艺术的时代也只有一个拉斐尔或提香的时代,亘千古而不变。①

刘海粟对西方现代艺术流派持一种相对开放的态度。他认为"艺术主义之兴起,亦皆时势所必然,非有所矫作也"②。这种"万不可持偏一之见"的史学态度,反映了他在回归中国文化传统之后对他者文化传统的重新评估。也正是因为如此,使刘海粟没有像徐悲鸿那样固守西方学院派写实艺术为唯一艺术的认知眼光。③ 与革"王画"命的徐悲鸿不同,刘海粟即使在早年艺术革命最狂热时期,也对家乡常州的两位大家——王石谷、恽南田推许不已:"昔之名家,即如清代王石谷之山水,恽寿平之花卉,均得真理,有气韵,即近时之任伯年亦以写生为本,故得自立也。其他画家,则可称之为画妖。"④俗话说,"道不同,不相为谋。"刘海粟将王石谷视为艺术之圭臬,是徐悲鸿实在无法容忍的。

---

① 1936年5月刘海粟翻译T. W. 厄普《现代绘画论》,载《刘海粟艺术文选》,朱金楼、袁志煌编,上海人民美术出版社,1987年。
② 刘海粟:《论艺术上之主义:近代绘画发展之现象》,1923年10月15日。参见《刘海粟艺术文选》,朱金楼、袁志煌编,上海人民美术出版社,1987年。
③ 林木:《二十世纪中国画研究》,广西美术出版社,2000年,第383页。
④ 刘海粟:《参观法总会美术博览会记略》,《美术》1919年6月第2期。

徐悲鸿对刘海粟的轻视,同样体现在他对柏林中国美术展的态度上。柏林中国美术展由刘海粟倡导,并得到蔡元培的大力支持,从1929年8月最初动议,直到1933年11月成行,前后准备长达五年之久。① 在展览筹备委员会成立时,徐悲鸿也被聘为评审委员,然而在展览会决策中失却话语权时,徐悲鸿即对展览会的筹备工作表现出严重的不满:

> 其得做成此举,非钱不行,苟无钱,则虽吾中国提倡艺术不遗余力之蔡先生,亦只徒呼负责,故中德展览会之元勋,乃叶玉甫先生,苟无彼之四万五千元,则吹破伟大牛皮,亦必无几微效果。有四万五千元,则任何人亦办得了,任何国亦可去(当然,除往非洲,除去白痴)。故贪天之功者,既无为耻,又适成鸭屎之臭。……凡中国今日努力于国画工作者之作品,皆有受审陈列之资格,不能如刘某所谓德人意在南宗画云云,语无佐证。②

徐悲鸿不仅对审查员资格提出自己的看法,③而且对刘海粟的审查标准提出质疑。此外,他也含蓄地表达了对蔡元培的不

---

① 李安源:《从上海美专到中国柏林美术展》,南京艺术学院硕士论文,2007年。
② 徐悲鸿:《关于中德美展之谈话》,《徐悲鸿文集》,上海书画出版社,2005年,第63页。
③ 除徐悲鸿外,汪亚尘也对画展审查员的资格问题提出质问:"但是审查,先得遴选审查员,审查员第一要技艺能得众望者,漫谈不懂技艺的人不配做审查员,本身的技艺,常为人所唾弃者,也不配审查他人的作品。"

满。此时的"蔡先生",已经完全幻灭了当初的"科学美育观"。1924年,蔡元培在《史太师埠中国美术展览会目录》序言中明确地说道:"中西美术,自有互换所长之必要。"这便是正式提出中西美术应互换所长,认识到西画之长的同时也发掘出中国画长处之所在了。接着他又说:"采欧人之所长以加入中国风,岂非吾国美术家之责任耶?"①这里的"中国风"便是中国画应保留的长处。虽然蔡元培没有清楚点明这"风"的特征,但显然它是中国画传统的精华之处,是中国画优于西画古典风格的"传情达意"的特征。这一见解的产生也许是由于原来他局限于西方学院的资源,后来转向了对欧洲社会美术探索新动向的关注,尤其关注法国后印象派对当时西方画坛的全力冲击。1932年,蔡元培在观察西方当代艺术的发展趋势时指出:"其在视觉上的美术,自写实派而印象派,而缀点派,而立体派,趋于利用科学之极端,转而为未来派等,则渐由具体而抽象,舍形似而求神似,乃与东方之美术相接近焉。"②无疑,这种言论与徐悲鸿的写实主义思想已经背道而驰。

蔡元培思想的转变,从一个侧面反映了30年代写实主义在中国的坎坷命运。事实上,尽管徐悲鸿在中央大学竭力推行写实主义美术教育实践,仍然无法抹去他对中国画界的失望之

---

① 蔡元培:《蔡元培美学文选》,北京大学出版社,1983,第165页。
② 蔡元培:《六十年来之世界文化》,《蔡元培年谱长编》下(1),高平叔,人民教育出版社,1996年,第636页。

情。① 由于对当时中国艺坛控制力的不逮,1936年,徐悲鸿颇为无奈地接受了朱屺瞻的建议,与汪亚尘、朱屺瞻、陈抱一、颜文梁、潘玉良等人一起创办默社。② 默社的宗旨是"不搞门户之见",从几位创办者的艺术观念看,确实兼收并蓄各种画风。如毕业于东京美术学校西画系的汪亚尘,早年崇尚写实风格,后来与刘海粟一样,逐渐走上了反对唯写实倾向的道路。早在1924年,汪亚尘就指出:

> 现代有许多作家,以为写生就是忠实地描出自然。这种见解,又舛错了! 现代的绘画,所以接近自然,不过藉自然这力来扩张。作家自身的表现力,并不是紧紧地束缚在自然之中,去做自然忠实的描写。③

到30年代,汪亚尘的观点更加激进:

---

① 周芳妹、吴方正:《1920及30年代中国画家赴巴黎习画后对上海艺坛的影响》,《区域与网络:近千年来中国美术史研究国际学术研讨会论文集》,台湾大学艺术史研究所,2001年,第645页。
② 默社1936年1月创立。由徐悲鸿、汪亚尘、颜文樑、朱屺瞻、张充仁、陈抱一、来家修等发起。取义为"沉着忍耐,从事实际工作,而不空唱高调,从事宣传的意义,欲使艺坛的风气日益好转","取名默社,就是要务实际而不尚高谈"。无固定社址,经常聚会于朱屺瞻乡居江苏太仓浏河镇的梅花草堂。社员有潘玉良、吴作人、吕斯百、张安治、钱铸九、周碧初、吴恒勤、滑田友、黄珏如、荣君立等中西画家。办社宗旨为交流中西美术家之间的感情和创作感受,研究中西美术之结合,创造具有时代精神的中国新美术。每两星期社员聚会一次。每年夏秋间举办会员近作展览,如1936年6月在八仙桥基督教青年会举办默社第一回画展。1937年6月在大新公司四楼展厅举办默社书画展览会,1939年9月同上地点由默社主办汪亚尘、沈尹默、吴湖帆书画展览会。至1939年停止活动。
③ 汪亚尘:《艺术制作谈》,《时事新报》1924年2月10日。

欧洲的艺术,在 19 世纪自然主义热烈的运动中,却把艺术上最重要的 Rhythm(节奏韵律)忽略了。其时偏重在外部现象的再现,所谓外部现象的再现,是专事描写时的准确,可以做了自然的肖子。……自然固是伟大,但尽在忠实地描写自然而不从自身心状中去熔化,就失却艺人的灵魂。……欧洲自写实主义风行以后,把艺术的内部的精髓,消灭殆尽。①

汪亚尘艺术观念转变,不仅反映出唯科学写实风气的没落,而且也是徐悲鸿推行写实主义绘画理想失败之举的一个注脚。

所幸的是,正当写实主义沦落为中国艺坛一股支流时,历史赋予了徐悲鸿成就自身绘画理想的机遇。中国八年抗日和第二次世界大战,不仅使崇尚艺术多元的"上海鬼域"失去了文化上的生存空间,而且也让写实主义绘画成为广大民众喜闻乐见的艺术形式。正如徐悲鸿自己所言:"吾之欣幸者乃因对二次大战,消灭大半可恶之欧洲国际画商,可以廓清西洋美术障碍!吾国因抗战而使写实主义抬头,从此,东西美术,前途坦荡,此后二十年中,必有灿烂之天花。"②至 1937 年南京举办的第二次全国美展(《教育部第二次全国美术展览会展品目录》)和 1942 年重庆举办的第三次全国美展送交的参展作品看,反映现实生活、为现实服务的写实主义作品已经占据绝对性的地位。

---

① 汪亚尘:《东方绘画上的韵律》,《民报》1933 年 1 月 28 日。
② 徐悲鸿:《西洋美术对中国美术之影响》,《徐悲鸿文集》,王震编,上海书画出版社,2005 年,第 120 页。

三　吴冠中与徐悲鸿

2007年4月,吴冠中在接受《南方都市报》的访谈时说:"徐悲鸿可以称为画匠、画师、画圣,但是他是'美盲',因为从他的作品上看,他对美完全不理解,他的画《愚公移山》很丑……但是他的力量比较大,所以我觉得很悲哀。"在吴冠中看来,徐悲鸿是完全反对西方现代绘画的,尽管艺术没有新旧之别,但是他回国后在政治上占了很大的优势,他推广现实主义,压制现代绘画。晚年的吴冠中还因徐悲鸿的教育理念而大动肝火,甚至将中国美术目前出现的现实主义题材的写实绘画独霸画坛归罪于徐悲鸿。

吴冠中是一个勇于说真话的艺术家,晚年的他只是把他的真实想法一一道来。然而同是两位大师为何审美有如此大的不同呢?这不能不提到与他们艺术观的差异。正如徐悲鸿与刘海粟、林风眠互不往来的原因一样,他们各有各的追求,况且艺术家多少都有那么一点偏执,或者说,大艺术家大都是很偏执的。倘若徐悲鸿有林风眠的高寿,有黄永玉一样至今依然神采奕奕的状态,他也一定不是停留在如今美术史中的定位。因为我们细心比较徐悲鸿1921—1926年在法时的素描写生,他的变化很

◎ 吴冠中(1919—2010)

大,回国前的作品中已不自然地有了很多现代派的形式感,这在他刚赴法的素描习作中是找不到这些影子的。当然我们不能完全按照数学的推断去推断艺术,因为个人艺术的发展有太多1+1不等于2的故事了……

吴冠中曾在徐悲鸿领导的中央美术学院任教。在那个年代,艺术为政治服务,再加上吴冠中因与徐悲鸿之间艺术观念不同而很不适应。后来,吴冠中调到清华大学建筑系任教,教一般的技术,也不是重要的教员。就这样,吴冠中埋头做自己的艺术,画好了也可以不用给他人看,偷偷地藏起来。

上世纪上半叶的中国美术教育界,主要有上海美专,杭州国立艺专和北平艺专。它们的掌门人分别是刘海粟、林风眠和徐悲鸿。吴冠中、朱德群和后来的赵无极都是林风眠的学生,他们的艺术之路属于融合派。不同于刘海粟的上海美专,更不同于徐悲鸿的北平艺专。

吴冠中说:

> 刘海粟的艺术很新,但是功力不行。更开放的是在杭州的国立艺专,林风眠起到主要作用,因为是国立学校,有经费,教授一个月三百块大洋,当时的画家是没有这种待遇的,可以请最好的教员,比如请吴大羽、

◎ 吴冠中作品,碾子,46 cm×36 cm 油画、木板 1980

潘天寿,高价请法国、英国、俄罗斯的教员,所以杭州艺专很傲,瞧不起其它的东西,觉得徐悲鸿的东西很幼稚,格调很低。所以杭州艺专的老师和学生,与徐悲鸿之间,可以说一切观念是完全敌对的。

徐悲鸿为自己的危巢写下对联"独持己见,一意孤行",吴冠中同样在《歧途》中写道:人生只能有一次选择,我支持向自己认定的方向摸索,遇歧途也不大哭而回,错到底作为前车之鉴。

这就是艺术家,毫不掩饰自己的情感,敢爱敢恨,真实而坦荡。其实徐悲鸿的出现和最终被那个时代所选择有其必然性,因为他的艺术观念确在那个时候最大可能地顺应中国传统艺术的发展。他用他的全部努力想尽可能地为中国美术教育尽"匹夫之力",尽管最终因为他的偏激和"一意孤行"似乎影响了中国艺术多样化的进程。当然,也有不少人并不看好吴冠中,认为"吴冠中对国画的毒害更甚于黄胄,黄胄的画就是毛笔速写,但黄还是有笔墨的,吴简直是毛笔装饰画"。

四 "二徐之争"

2004年12月,51幅总价值55亿元人民币的《法国印象派绘画珍品展》参展作品从北京中国美术馆由武警押运至上海美术馆。这是一次自法国印象派艺术诞生以来规模最大的一次来华展览。此次展览由中华人民共和国文化部和法兰西共和国文化通讯部主办,中国美术馆、上海美术馆和奥赛博物馆承办。上海美术馆为此投入了250万元用于珍品展。

在20世纪20年代,要是国民政府以当时三五千元一件的价格收藏一批印象派画家作品,这将是多么大的一笔财富?!

其实中国早在1905年起就有美术留学生回国,他们在各地纷纷开设学校,宣传、推广西方绘画。1927年,在蔡元培等人的呼吁下,由全国最高学术教育机关国民政府大学院出面在上海举办了"全国第一届美术展览"。徐悲鸿在展览会上任常务委员,另外林风眠、刘海粟、徐志摩、王一亭、李毅士、江小鹣也参加了展览会。为配合展览,徐志摩、陈小蝶、杨清磐等人组织出版了《美展汇刊》。

1929年4月10日,"全国第一届美术展览"在486个画室中展出,共有西画354件,国画1 300多件。《美展汇刊》编辑陈小蝶在《从美展作品感觉到现代国画画派》里,将展出的国画分为六派:复古派(顾鹤逸、冯超然、吴岱秋、王晓汀)、新进派(如钱瘦铁、郑午昌、张大千、许征白等)、折中派(高剑父、陈树人、何香凝、汤建猷、方人定等)、美专派(刘海粟、吕凤子、王显韶)、南画派(金城、萧谦中、齐白石)与文人派(吴湖帆、吴仲熊、陈子清、郑曼青、狄平子)。在354件西画中,风格各异,其中冯钢百、丁衍庸、林风眠、朱屺瞻、潘玉良、吴大羽等人的作品构图新颖,用色强烈,给观众的视觉冲击力最强。尽管陈小蝶对展出的国画分类并不十分恰当,但当时对中国画并没有太大争议,或许人们的关注点都集中到几天后徐悲鸿与徐志摩的西方现代艺术的"真伪"、"是非"辩论上了。

展览前,作为全国美展总务委员的徐悲鸿发现整个展览中的作品有太多的现代主义倾向时,拒不参加此次展览,并写信予徐志摩:"志摩兄,承再三眷念,感激万分。顾百花开放,难以同时,比来意兴都尽,其不参与盛会,并无恶意。"

《美展汇刊》第五期上,徐悲鸿发表《惑》(致徐志摩的公开信),开篇便说:"中国有破天荒的全国美术展览会,可云

◎ 徐志摩(1897—1931)

喜事,值得称贺,而最可称贺者,乃在无腮惹纳(Cezanne 即塞尚)、马梯是(Matisse 即马蒂斯)、薄奈尔(Bonnard 即勃纳尔)等无耻之作(除参考品中有一二外)。"(徐悲鸿:《惑》,上海《美展》1929 年 4 月 22 日,第 5 期,)徐悲鸿以"庸"、"俗"、"浮"、"劣"等字眼激愤地否定了马奈、雷诺阿、塞尚和马蒂斯的艺术作品,而在徐志摩看来,"就艺术品评上,真与伪的界限,是指一个作家在他的作品里所表现的意趣与志向,不是指鉴古家的辨别作品的真假,也不是纯持直觉所能完全剖析的。"

他们的争论是友善的,但又针锋相对的。不久,徐志摩在盛赞徐悲鸿"是一个——现世上不多见的——热情的古道人"后还不忘开个玩笑:"说到这里,我可以想见碧薇嫂或者要微笑地插科:真对,他是一个书呆!"出于对艺术的忠诚,大诗人徐志摩和大画家徐悲鸿凭借自己对西方现代主义艺术的理解,都想辩出一条中国绘画艺术的出路。

那是中国美术史上一次重要的观念对垒。徐志摩回应说:

> 挑了塞尚与玛蒂斯来发泄你一腔的愤火;骂他们"无耻",骂他们"卑鄙昏聩",骂他们"黑暗堕落",这话如其出在另一个的口里,不论谁,只要不是你,悲鸿,那我再也不来费工夫迂回地写这样长篇的文字;(说实话,现在能有几个的言论是值得尊重的!)但既然你说得出,我也不能制止我的"惑",非得进一步请教,请你更剀切地剖析,更剀切地指示,解我的,同时也解,我敢信,少数与同感的朋友的"惑"。

……

塞尚在现代画术上,正如洛坛在塑术上的影响,早已是不可磨灭,不容否认的事实,他个人艺术的评价亦已然渐次的确定——却不料,万不料在这年上,在中国,尤其是你的见解,悲鸿,还发见到这一八九五年以前巴黎市上的回声!我如何能不诧异?如何能不惑?

徐志摩在"为古人辩诬,为艺术批评争身价"。因为在他看来,塞尚是"'无耻'、'卑鄙'一类字眼在近代画史上最应用不上的一个人。"不仅因为"塞尚足足画了五十几年的画,终生不做别的事。"他对塞尚显然是研究过的,与徐悲鸿的偏执相比,徐志摩要客观理性得多,他不但对塞尚虔诚的绘画方式产生"同情",似乎在评论中并没有过多的谈及他的主题、构图、色彩、技巧等纯绘画的东西,更多的是涉及塞尚作为画家宗教徒似的对待艺术的精神,更何况塞尚的绘画技巧是异常的成熟冷静。

1898年,马蒂斯曾用他妻子的陪嫁金购置了一幅塞尚的作品《三浴者》,虽然,他从不直接模仿塞尚的风格,但此画却成为他的护身符,直到1936年11月10日他从尼斯写信给巴黎小宫博物馆的馆长引用塞尚自己的话说:

在过去的37年中,它一直属于我,我对它十分熟悉,但还不完全。我真希望能彻底了解它。在我艺术生涯的关键时刻,它给了我勇气,我从中获得信念和锲而不舍的精神。所以请允许我提出一个请求:把他挂在效果最佳的位置。因为它需要充足的光线和一定的距离加以观看。它的色彩和构图近乎完美,而在稍远处看,它就能揭示其线条的强悍有力,以及诸种关系的异乎寻常的静谧。

在我看来,塞尚的伟大在于有着如此清醒的艺术认识:

> 我开始觉得自己比我周围的人更强,您知道我对自己的评价完全是清醒的。我还得不断用功,不是为了画的精致细腻,蠢人就喜欢这个——而这个俗气,得到大多数人欣赏的东西,只不过是工匠的手艺活,这样画出来的东西没有艺术性,庸俗。我追求作品的完美,只是为了获得画得更真实、更巧妙的乐趣。请您相信,总有一天,我们会得到承认,和那些满足于华丽外表的人相比,我们的崇拜者们将更热忱、更坚定。①

有着如此坚强的心:

> 1880年底,塞尚的作品很难见到,至于画家本人,他在遥远的埃克斯,躲进南方太阳下打转的尘埃中,似乎也无影无踪。

---

① 保罗·塞尚,致母亲的信,巴黎,1874,9,26。

最后,塞尚敢于很动情地向沃拉尔坦诚自己是多么看重他的支持,三年后塞尚在普罗旺斯的埃克斯去世:

> 我取得了一些进步。为什么它来得这么晚而且如此艰难呢?艺术难道就是一种神圣的使命,需要纯洁的人一辈子属于它吗?我很遗憾,我们相距这么遥远,因为不然的话,我早就会不止一次地向您求援,请您在精神上扶我一把。①

有着如此谦虚的态度:

> 沃拉尔记录了塞尚替他画肖像的情形,留下了堪称塞尚作画方法的唯一见证:我坐下以后(……)保持固定的姿势。但是时间一长,这种姿势使我打起了瞌睡,我同睡意勇敢地搏斗了好一阵子;可是最后我的脑袋往肩膀一歪,与此同时,我失去了同外部世界的意识,于是失去了平衡,椅子、木箱子和我,一下子全部倒在地上。塞尚赶紧跑来:"倒霉,摆好的姿势给您破坏了!我跟您说过,其实,您要像苹果那样保持姿势。苹果,难道会动吗?"(……)
> 很少有人见过塞尚作画的情形;他不能容忍别人看他在画架跟前忙碌。没有见过他画画的人很难想

---

① 保罗·塞尚,致安布瓦兹·沃拉尔的信,1903,1,9。

象,他有些日子画得极其缓慢和艰难。在我的肖像画上面,我的手上有两个小点没有抹上颜色,画布露了出来,我就跟塞尚说了。他回答说:"如果今天下午卢浮宫的场面画得不错,明天我也许能找到正确的调子,把这些空白点补上。您要知道沃拉尔先生,如果我随便拿什么东西补上,我就得从这里开始,把我的画重画一遍!"

我早就听人说过,塞尚把模特尔视为奴隶:我算是深有体会了。从他落笔开始,直到一场写生结束,他只把模特尔当作一件静物来使用。他很喜欢画肖像。他经常说:"绘画艺术的最高境界就是人的肖像。"(……)

画了一百五十场之后,塞尚放弃了我的肖像,返回埃克斯。"我对衬衫的衣襟还算满意。"这是他最后留下的话。①

徐志摩对徐悲鸿的《惑》是充满疑惑的,因为徐悲鸿根本不"惑",他是异常坚定的:"弟对美术之主张,为尊德性,崇文学,致广大,尽精微,极高明,道中庸。虽不能至,心向往之。"但是徐志摩对徐悲鸿评判塞尚艺术真伪的态度又是充满疑惑的,因为在徐志摩眼中,徐悲鸿并不是一个固执成见的"古典派"或画院派的人。他"不反对皮加粟(Piccasson),不反对梵高与高根",偏偏反对的是见过其原作三百幅之多的塞尚。

---

① 安布瓦兹·沃拉尔:《保罗·塞尚》,1924年,第124—140页。

我们看待徐悲鸿对西方现代艺术的态度,可以从两个可能的角度去分析判断:第一,他确实不能理解和接受西方当代绘画艺术;第二,他个人完全能理解和接受西方当代绘画艺术,只是苦于不能将其推广介绍。

徐悲鸿不理解西方当代绘画艺术,我认为可能性不大,徐志摩在《我也惑》中说:

> 前天我们同在看全国美展所陈列的日本洋画时,你又会极口赞许太田三郎那幅皮加粟后期影响极明显的裸女,并且你也"不反对",除非我是错误,满谷国四郎的两幅作品;同时你我也同意看不起中村不折一类专写故事的画片,汤浅一郎一流平庸的无感觉的手笔;你并且还进一步申说"与其这一类的东西毋宁见胜藏那怕人的裸像"。这又正见你的见解的平允与高趣,不杂意气,亦无有成见。

在1936年5月16日出版的《中苏文化》第一卷第一期中,徐悲鸿评论绘画手法夸张、变形,绘画语言十分丰富的弗鲁贝尔时说:"尤得身世悲凉之弗鲁白尔(WROUBEL),具全能之天才,能以一切之繁形博色,纳入图案形式,其画其雕,独有千古,创作之才,近世罕俦,颇为选物所忌,中年即盲,癫厥而死,真贝多芬后遭际最惨之人矣!"

很明显,徐悲鸿不是看不懂现代绘画。那么,又是什么原因让他与徐志摩有如此大的艺术分歧呢?今天,把徐悲鸿重新放在20世纪的美术大环境下,在"二徐之争"过去80多年之后,历史似乎已经给了我们一个较为明确的答案。

建国后,一心要改变中国画未来发展方向的徐悲鸿终于成为了美术事业的领导者。在内心深处,徐悲鸿的传统文化精神的自我意识是相当强的,他从来没有把自己放入前卫艺术家的行列。但似乎今天的传统中国画家都在批评他,将明清以来传统绘画陷入低谷怪罪于他,而前卫艺术家又恰恰不会把徐悲鸿放入眼中,他们会潜意识地将徐悲鸿的作品拿去和伦勃朗、拉菲尔去比较,认为他只会对景写生,况且偶尔还会出现"比例不准"、"暗部结构松散"等低级错误。

1930年,距离两人论战不到一年,徐悲鸿作国画《猫》一幅赠与徐志摩。并题款:"志摩多所恋爱,今乃及猫。鄙人写邻家黑白猫与之,而去其爪,自夸其于友道忠也。"

其实,徐悲鸿自己曾不止一次地提出:"美术应以写实主义为主,虽然不一定为最后目的,但必须用写实主义为出发点。"倘若徐悲鸿有林风眠和黄永玉的高寿,他的画作一定不只是这些题材、这些样式和这些数量,锐意进取思维敏捷的徐悲鸿也一定不只是如今美术史中的定位。

附录一：惑

中国有破天荒之全国美术展览会，可云喜事，值得称贺。而最可称贺者，乃在无腮惹纳(Cezanne)、马梯是(Matisse)、薄奈尔(Bonnard)等无耻之作。（除参考品中有一二外）

美术之所以能安慰吾人者，乃在其自身之健全。故需一智之艺。Art savant 若必醉心 Archaisme（简陋之原人学术）亦只可就其质而撷取其包含之善材，供吾作原料。终不当头脑简单，而返乎原始时代之生。（中国之不善学北碑者亦生此病）

法国派之大，乃在其容纳一切。如吾人虽有耳目之聪明，同时身体上亦藏粪汁之污垢。如普吕动之高妙，安葛尔之华贵，特拉克罗利之壮丽，毕于维史之伟大，薄奈、爱耐之坚卓敏锐，干连之飘渺虚和，达仰、白司姜勒班习及爱倍尔之精微幽深，谷洛之逸韵，倍难尔之浑博，薄特理之清雅，吕特之强，骆荡之雄，干尔波之能，米莱之苍莽沉寂，穆耐之奇变瑰丽，又沉着茂密如孤而倍，诙诡滑稽如陀绵，挥洒自如如穆落，便捷轻利之特茄史，神秘如穆罗，博精动物如排理，虽以马耐(Manet)之庸，勒奴幻(Renoir)之俗，腮惹纳(Cezanne)之浮，马梯是(Matisse)之劣，纵悉反对方向所有之恶性，而藉卖画商人之操纵宣传，亦能震撼一时，昭昭在人耳目。欧洲自大战以来，心理变易。美术之尊严蔽蚀，俗尚竞趋时髦。幸大奇之保存，得见昔人至德。降及今日，生存竞争激烈，无暇治及高深。是乃变象，并非进程。（非谓遂无进步，顾绝非彼辈）若吾东人尤而效之，则恰同西人欲传播中国学术于欧土，而刺探綦详黄慧如事迹，以掩饰浑体糊涂，不可笑耶？

新派中自有巨人。如毕于维史、骆荡（Rodin）、干连、穆耐、及尚在之倍难尔。又如点派之马尔当及安茫象、西蒙、勃郎雪亦卓绝有独造。顾最脍炙人口之美术家，多带几分商业性质。奈黄面人受大画商一类人愚弄，以市面上无德之 Menzel, Leibl, 比之 St bats, Lys 西班牙之 Sorolla，瑞典之 Zorn，意大利之 Boldini、Tito, Satorio, 英之 Sargent，美国籍 Br ngwyn，匈加利之 Munkatzy（皆革新不可一世之大家）之作。其名于是杳焉无闻。若吾国革命政府启其天纵之谋，伟大之计，高瞻远瞩，竟抽烟赌杂税一千万元，成立一大规模之美术馆，而收罗三五千元一幅之腮惹纳、马梯是之画十大间。（彼等之画一小时可作两幅）为民脂民膏计，未见得就好过买来路货之吗啡海绿茵。在我徐悲鸿个人，却将披发入山，不顾再见此类卑鄙昏聩黑暗堕落也。

吾滋愿吾敬爱之中国艺人，凭吾国天赋造物之繁，有徐熙、黄筌、易元吉、钱舜举等大师，并与吾人以新生命工力湛深遗世独立之任伯年，不愿再见毫无真气无愿力一种 Art Conventional 之四王充塞，及外行而主画坛之吴昌老。式微式微，衰落已极。愿吾国艺术趋向光明正大之途。以绍吾先人非功利（此为吾中国美术之特点。美术之共同条件固有非功利，但在他国，恒有求福邀功之迹。不若中国人写花鸟作山水惟抒情寄美感）之伟迹。而使一切买卖商人，无所施其狡狯也。（此亦过虑，但势所必然。)志摩兄:承再三眷念,感激万分。顾百花开放,难以同时,比来意兴都尽,其不参与盛会,并无恶意。

  足下之明当察及也。昨归作文一篇,谨呈教,采登与否,原所弗计。但苟登去,须校对精确,毋白字连篇。拜祷此致日祉悲鸿启此次布置妥当,殊见匠心。其佩诸公贤劳,出口亦多佳作。剑父诸幅能置中间(即过去几幅)亦尊重名家之意。尊意如何?①

  (徐悲鸿:《惑》,上海《美展》1929年4月22日,第5期,《徐悲鸿艺术文集》上册,徐伯阳、金山编,台北艺术家出版社,1987年,第131—134页。)

---

① 选自《美展汇刊》,1929年第一届全国美术展览会编辑组发行。

附录二：我也"惑"

与徐悲鸿先生书

The opinions that art held with passion are always those for which no good ground exists; indeel the passion is the measure of the holder lack of rational conviction——Fro Bertrand Russell's Introduc tion to "Skeptical Essays."

悲鸿兄：

你是一个——现世上不多见的——热情的古道人。就你不轻阿附，不论在人事上或在绘事上的气节与风格言，你不是一个今人。在你的言行的后背，你坚强地抱守着你独有的美与德的准绳——这，不论如何，在现代是值得赞美的。批评或评衡的唯一的涵义是标准。论人事人们心目中有是与非，直与枉，乃至善与恶的分别观念。艺术是独立的；如果关于艺术的批评可以容纳一个道德性的观念，那就只许有——我想你一定可以同意——一个真与伪的辨认。没有一个作伪的人，或是一个侥幸的投机的人，不论他手段如何巧妙，可以希冀在文艺史上占有永久的地位。他可以凭他的欺蒙的天才，或技巧的小慧，耸动一时的视听，弋取浮动的声名，但一经真实的光焰的烛照，他就不得不呈露他的原形。关于这一点，悲鸿，你有的是"嫉伪如仇"严正和敌忾之心，正如种田人的除莠为的是护苗，你的嫉伪，我信，为的亦无非是爱"真"。即在平常谈吐中,悲鸿,你往往不自制止你的热情的激发,同时你的"古道"、你的谨严的道德的性情,有如一尊佛,危然趺坐在你热情的莲座上,指示着一个不可错误的态度。你爱,你就热热地爱;你恨,你也热热地恨。崇拜时你纳头,愤慨时你破口。眼望着天,脚踏着地,悲鸿,你永远不是一个走路走一半的人。说到这里,我可以想见碧薇嫂或者要微笑地插科:"真对,他是一个书呆!"

但在艺术品评上,真与伪的界限,虽则是最关重要,却不是单凭经验,也不是纯持直觉所能完全剖析的。我这里说的真伪,当然是指一个作家在他的作品里所表现的意趣与志向,不是指鉴古家的辨别作品的真假,那另是一回事。一个中材的学生,从他的学校里的先生们学得一些绘事的手法,谨愿地步武着前辈的法式,在趣味上无所发明,犹之在技术上不敢独异,他的真诚是无可置疑的,但他不能使我们对他的真诚发生兴趣。换一边说,当罗斯金指斥魏斯德勒(Whistlr)是一个"故意的骗子",骂他是一个"俗物,无耻,纨绔";或是当托尔斯泰在他的艺术论里否认莎士比亚与贝德花芬是第一流的作家,我们顿时感觉到一种空气的紧张——在前一例是艺术界发生了重大的趣事,在后一例是一个新艺术观的诞生的警告魏斯德勒是不是存心欺骗,"拿一盘画油泼上公众的脸,讨价二百个金几尼"?罗斯金曾经为透纳(Turner)作过最庄严的辩护的唯一艺术批评家,说是!贝德花芬晚年的作品是否"无意义的狂呓"(Meaninglss raving)?伟大的托尔斯泰说是!古希腊的悲剧家,拉飞尔、密仡朗其罗、洛坛、毕于维史、槐格纳、魏尔仑、易卜生、梅德林克等等是否都是

"粗暴,野蛮,无意义"的作家,他们这一群是否都是"无耻的剿袭者"?伟大的托尔斯泰又肯定说是!美术学校或是画院是否摧残真正艺术的机关?伟大的托尔斯泰又断言说是!

难怪罗斯金与魏斯德勒的官司曾经轰动全伦敦的注意。难怪我们的罗曼罗兰看了"艺术论",觉得地土不再承载着他的脚底。但这两件事当然是不能相提并论的。罗斯金当初分明不免有意气的牵连(正如朋琼司的嫉忌与势利),再加之老年的昏聩与固执,他的对魏斯德勒的攻击在艺术史上只是一个笑柄,完全是无意义的。这五十年来人们只知道更进地欣赏魏斯德勒的"滥泼的颜色",同时也许记得罗斯金可怜的老悖,但谁还去翻念Fors Clavigira?托尔斯泰的见解却是另一回事。他的声音是文艺界天空的雷震,激起万壑的回响,波及遥远的天边;我们虽则不敢说他的艺术论完全改变了近代艺术的面目,但谁敢疑问他的博大的破坏的同时也建设的力量?

但要讨论托尔斯泰的艺术观当然不是一封随手的信札,如我现在写的,所能做到,这我希望以后更有别的机会。我方才提及罗斯金与托尔斯泰两桩旧话,意思无非是要说到在艺术上品评作家态度真伪的不易!简直是难。大名家也有他疏忽或是夹杂意气的时候,那时他的话就比例的失去它们可听的价值。我所以说到这一层是因为你,悲鸿,在你的大文里开头就呼斥塞尚或塞尚奴(你译作腮惹纳)与玛蒂斯(你译作马梯是)的作品"无耻"。另有一次你把塞尚比作"乡下人的茅厕",对比你的尊师达仰先生(Dagnan Bouve)的《大华饭店》。在你大文的末尾你又把他们的恶影响比类"来路货之吗啡海绿茵";如果将来我们的美术馆专事收罗他们一类的作品,你"个人却将披发入山,不愿再见此卑鄙昏聩黑暗堕落?"这不过于言重吗,严正不苟的悲鸿先生?

风尚是一个最耐寻味的社会与心理的现象。客观地说,从方跟丝袜到尖跟丝袜,从维多利亚时代的进化的乐观主义到维多利亚后期的怀疑主义,再到欧战期内的悲观主义,从爱司髻到鸭稍鬈,从安葛尔的典雅作风到哥罗的飘逸,从特拉克洛涅的壮丽到塞尚"土气"再到梵高的癫狂——一样是因缘于人性好变动,喜新异(深一义的是革命性的)的现象。我国近几十年事事模仿欧西,那是个必然的倾向,固然是无可喜悦,抱憾却亦无须。是他们强,是他们能干,有什么可说的? 妙的是各式欧化的时髦在国内见得到的,并不是直接从欧西来,那倒也罢,而往往是从日本转贩过来的,这第二手的摹仿似乎不是最上等的企业。说到学袭,说到赶时髦(这似乎是一个定律),总是皮毛的、新奇的、肤浅的先得机会。(你没有见过学上海派装束学过火的乡镇里来的女子吗?)主义是共产最风行,文学是"革命的"最得势,音乐是"脚死"最受欢迎,绘画当然就非得是表现派或是漩涡派或是大大主义或是立体主义或是别的什么更耸动的唔死木死。

在最近几年内,关于欧西文化的研究也成了一种时髦,在这项下,美术的讲座也占有渐次扩大的地盘。虽则在国内能有几个人亲眼见到过罗浮宫或是乌斐齐或是特莱司登美术院里的内容? 朋谷已然是极随熟的口头禅。我亲自听到过(你大约也有经验)学画不到三两星期的学生们热奋地争辩古典派与后期印象派的优劣,梵高的梨抵当着考莱琪奥的圣母,塞尚的苹果交斗着鲍锹乞黎的薇纳丝——他们那口齿的便捷与使用各家学派种种法宝的热烈,不由得我不十分惊讶地钦佩。这大都是(我猜想)就近由我们的东邻转贩得来的。日本是永远跟着德国走;德国是一座喧死木死最繁殖的森林,假如没有那种喧死木死的巧妙的繁芜的区分,在艺术上凭空的争论是几乎不可能的。在新近的欧西画派中,也不知怎的,最受传诵的,分明最合口味的(在理论上至少),碰巧是所谓后期印象派["Post im pressionism"这名词是英国的批评家法兰先生(Mr. Roger Fry)在组织一九一一年的 Grafton Exhibition 时临时现凑的,意思只是印象派以后的几个画家,他们其实也是各不相同绝不成派的,但随后也许因为方便,就沿用了]。但是天知道!在国内最早谈塞尚谈梵高谈玛提斯的几位压根儿就没有见过(也许除了蔡子民先生)半幅这几位画家的真迹!除非我是固陋,我并且敢声言,最早带回塞尚梵高等套版印画片来的还是我这蓝青外行!这一派所以入时的一个理由是与在文学里自由体诗、短篇小说、独幕剧所以入时同一的——看来容易。我十二分同情于由美术学校或画院刻苦出身的朋友鄙薄塞尚以次一流的画,正如我完全懂得由八股试帖刻苦出身的老辈鄙薄胡适之以次一流的诗。你说他们的画一小时可作两三幅。这话并不过于失实,梵高当初穷极时平均每天作画三幅,每幅平均换得一个法郎的代价——三个法郎足够他一天的面包咖啡与板烟!

但这"看来容易"却真是害人——尤其是性情爱好附会的就跟着来撷拾一些他们自己懂不得一半的名词,吹动他们传声的喇叭,希望这么一来就可以勾引起,如同月亮勾引海潮,一个"伟大的"运动——革命;在文艺上掀动全武行做武戏与在政治上卖弄身手有时一样的过瘾!这你可以懂得了吧,悲鸿,为什么所谓后期印象派的作风能在,也不仅中国,几于全世界,有如许的威风?你是代表一种反动,对这种在你看来完全 Anarchic 运动的反动(却不可误会我说你是反革命,那不是顽!),所以你更不能姑息,更不能容忍,你是立定主意要凭你的"浩然之气"来扫荡这光天下的妖气!我当然不是拿你来比陪在前十年的文学界的林畏庐,你不可误会;我感觉到的只是你的愤慨的真诚。如果你,悲鸿,甘脆的说,我们现在学西画不可盲从塞尚玛蒂斯一流,我想我可以赞同——尤其那一个"盲"字。文化的一个意义是意识的扩大与深湛,"盲"不是进化的道上的路碑。你如其能进一步,向当代的艺界指示一条坦荡的大道,那我,虽则一个素人,也一定敬献我的钦仰与感激。但你恰偏偏挑了塞尚与玛蒂斯来发泄你一腔的愤火;骂他们"无耻",骂他们"卑鄙昏聩",骂他们"黑暗堕落",这话如其出在另一个的口里,不论谁,只要不是你,悲鸿,那我再也不来费工夫迂回地写这样长篇的文字;(说实话,现在能有几个的言论是值得尊重的!)但既然你说得出,我也不能制止我的"惑",非得进一步请教,请你更剀切地剖析,更剀切地指示,解我的,同时也解,我敢信,少数与同感的朋友的"惑"。

我不但尊重你的言论,那是当然的,我并且尊重你的谩骂。"无耻"一流字眼不能不归入谩骂一栏吧?因为你决不是瞎骂。你不但亲自见过塞尚的作品,并且据你自己说,见到过三百多幅的多,那在中国竟许没有第二个。也不是因为派别不同;要不然你何以偏偏;不反对皮加粟(Picasso),"不反对"梵高与高根,这见证你并不是一个固执成见的"古典派"或画院派的人。换句话说,你品评事物所根据的是,正如一个有化育的人应得根据,活的感觉,不是死的法则。我所以惑。再说,前天我们同在看全国美展所陈列的日本洋画时,你又会极口赞许太田三郎那幅皮加粟后期影响极明显的裸女,并且你也"不反对",除非我是错误,满谷国四郎的两幅作品;同时你我也同意看不起中村不折一类专写故事的画片,汤浅一郎一流平庸的无感觉的手笔;你并且还进一步申说"与其这一类的东西毋宁见胜藏那怕人的裸像"。这又正见你的见解的平允与高趣,不杂意气,亦无有成见。在这里,正如在别的地方,我们共同的批判的标准还不是一个真与伪或实与虚的区分?在我们衡量艺术的天平上最占重要的,还不是一个不依傍的真纯的艺术的境界(An independent artistic vision)与一点真纯的艺术的感觉?什么叫做一个美术家?除是他凭着绘画的或塑造的形象想要表现他独自感受到的某种灵性的经验?技巧有它的地位,知识也有它的用处,但单凭任何高深的技巧与知识,一个作家不能造作出你我可以承认的纯艺术的作品。你我在艺术里正如你我在人事里兢兢然寻求的,还不是一些新鲜的精神的流露,一些高贵的生命的晶华?况且在艺术上说到技巧还不是如同在人的品评上说到举止与外貌;我们不当因为一个人衣衫的不华丽或谈吐的不隽雅而藐视他实有的人格与德性,同样的我们不该因为一张画或一尊像技术的外相的粗糙或生硬而忽略它所表现的生命与气魄。这且如此,何况有时伤口的外相的粗糙与生硬正是它独具的性格的表现?(我们不以江南山川的柔媚去品评泰岱的雄伟,也不责备施耐庵不用柴大官人的口吻去表写李逵的性格,也为了同样的理由。但这当然是一个极浅的比照。)

如果我上面说的一些话你听来不是完全没有理性;如果再进一步关于品评艺术的基本原则,你也可以相当地容许,且不说顺从,我的肤浅的观察,那你,悲鸿,就不应得如此谩骂塞尚与玛帝斯的作风,不说他们艺术家的人格。在他们俩,尤其是塞尚,挨骂是绝不希奇;如你知道,塞尚一辈子关于他自己的作品,几乎除了骂就不曾听见过别的品评——野蛮,荒谬,粗暴,胡闹,滑稽,疯癫,妖怪,怖梦,在一八七四年"Communard"(这正如同现代中国骂人共产党或反动派),在一九〇四年,他死的前两年,Un "Anarchist"。在一八九五年(塞尚五十六岁)伏拉尔先生(Ambroise Vollard)用尽了气力组织成塞尚的第一次个人展览时,几于所有走过 39 Rue Laffitte 的人(因为在窗柜里放着他的有名的《休憩时的浴者》)都得各尽本分似的,按他们各人的身分贡献他们的笑骂!下女、面包师、电报生、美术学生、艺人、绅士们、太太们,尤其是讲究体面的太太们,没有一个不是羞红了脸或是气红了脸的,表示他们高贵的愤慨——看了艺术堕落到这般田地的愤慨。但在十一二年后艺史上有名的"独立派"的"秋赛"时,塞尚,这个普鲁罔司山坳里的土老儿,顿时被当时的青年艺术家们拥上了二十世纪艺术的宝座,一个不冕的君王!在穆耐、特茄史、穆罗、高根、毕于维史等等奇瑰的群峰的中间,又涌出一座莽苍浑灏的宗岳!Salle Ceza 是一座圣殿,只是虔诚的脚踪才可以容许进去瞻仰,更有谁敢来议论的话——先生小心了,这不再是十一二年前的"拉斐脱路三十九"!

这一边的笑骂,那一边的拥戴,当然同样是一种意气的反动,都不是品评或欣赏艺术应具的合理的态度。再过五年塞尚的作品到了英国又引起了艺界相类的各走极端的风波:一边是"非理士汀"们当然的嬉笑与怒骂,一边是,"高看毛人"们一样当然反对的怒骂与嬉笑。就在现在,塞尚已然接踵着蒙内、米莱、特茄史等等成为近代的典型(Classic),在一班艺人们以及素人们提到塞尚还是不能有一致的看法,虽则咒骂得热烈,正如崇拜得疯狂,都已随着时光减淡得多的了。塞尚在现代画术上,正如洛坛在塑术上的影响,早已是不可磨灭,不容否认的事实,他个人艺术的评价亦已然渐次的确定——却不料,万不料在这年上,在中国,尤其是你的见解,悲鸿,还发见到这一八九五年以前巴黎市上的回声!我如何能不诧异?如何能不惑?

话再说回头,假如你只说你不喜欢,甚而厌恶塞尚以及他的同流的作品,那是你声明你的品味,个人的好恶,我决没有话说。但你指斥他是"无耻"、"卑鄙"、"商业的"。我为古人辩诬,为艺术批评争身价,不能不告罪饶舌。如其在艺术界里也有殉道的志士,塞尚当然是一个(记得文学界的萧禄贝尔)。如其近代有名的国家中有到死卖不到钱,同时金钱的计算从不曾羼入他纯艺的努力的人,塞尚当然是一个。如其近代画史上有性格孤高,耿介澹泊,完全遗世独立,终身的志愿但求实现他个人独到的一个"境界",这样的一个人,塞尚当然是一个。换一句话说,如其近代画史上有"无耻"、"卑鄙"一类字眼最应用不上的一个,塞尚是那一个人!塞尚足足画了五十几年的画,终生不做别的事。他看不起巴黎人,因为他有一次听说巴黎有买他的静物画的人,

"他们的品味准是够低的",他在乡间说。他画,他不断地画;在室内画,在野外画;一早起画,黄昏时还是画;画过就把画搠在一边再来第二幅;画不满意(他永远不满意)他就拿刀向画布上搠,或是拿画从窗口丢下楼去,有的穿挂在树枝上像一只风筝。你(无论你是谁)只要漏出一半句夸赞他的画的话,他就非得央着把那幅画送给你(他却不虑到你带回家时见得见不得你的太太)!他搬家就把他画得的画如数丢下在他搬走的画室里!至于他的题材,他就只画他眼前与眼内的景象:山岭,山谷,房舍,苹果,大葱,乡里人(不是雇来的模特儿),他自己或是他的戴绿帽的、黄脸婆子,河边洗澡的,林木,捧泥娃娃的女小孩……他要传达他的个人的感觉,安排他的"色调的建筑",实现他的不得和表现的"灵性的经验"? 我们能想象一个更尽忠于纯粹艺术的作者不? 他一次说他不愿画耶稣,因为他自己对教的信仰不够虔诚,不够真。这能说是无耻卑鄙不?(在中国不久,我相信,十个画家里至少会有九个要画孙中山先生,因为——因为他们都确信他们自己是三民主义的忠实的信徒!)

至于他的画的本身,但我实在再不能纵容我自己了,我话已然说得太多;况且你是最知道塞尚的伤口的,比我知道得多,虽则你的同情似乎比我少,外行侈谈美术是一种大大的罪孽,我何敢大胆! 但容我再顺便在这信尾指出:在你所慷慨述到的近代法国大师的名单中,有的,如同特拉克洛洼与孤尔倍是塞尚私淑的先生,(小说家左拉 Zola,塞尚的挚友,死后他的画堆里发见一张画题名 Len, evement 人都疑心不是特拉克洛洼自己就是门下画的,但随后发见署名是塞尚! 你知道这件小掌故不? 所以,我们别看轻那土老儿,早年时他也会画博得我们夸壮丽雄伟等等的神话。如伟丈夫抗走妖艳的女子之类!)有的,如同勒奴幻或 Pissarro(你似乎不曾提到他,但你决不能如何恨他),或穆耐或特茄史都是他的程度浅深的相知(虽则塞尚说:"quot;这群人打扮得都像律师。"),有的,例如马耐,你称为"庸"的,或是毕于维史,你称为伟大的,是他的冤家,他们的轻视是相互的 Homo adichtus Nature,至于尊师达仰先生,他大约不曾会过塞尚,他大概不屑批评塞尚的作品,但同时我揣度他或许不能完全赞同你对他的批评。但这些还有甚么说,既然如今塞尚不再是一个乡里来的人,不再是 Communard 或是 Anarchist,已然是在艺术界成为典型,正如布塞(Powssin)、特拉克洛洼、洛坛、米莱等一个个已然成为典型,我当然不敢不许你做第二个托尔斯泰,拓出一支巨膀去扫掉文庙里所有的神座,但我却愿意先拜读你的"艺术论"。最后还有一句话:对不起玛蒂斯,他今天只能躲在他前辈的后背,闪避你的刀锋;但幸而他的先生是你所佩服的穆罗(Moreau),他在东方的伙伴或支裔又是你声言"不反对"的满谷国四郎,他今天,我知道,正在苏州玩虎丘!

四月九日写天亮

选自《美展汇刊》,1929 年第一届全国美术展览会编辑组发行。
(徐志摩:《我也"惑"》,《美展》1929 年 4 月第 5 期。)

附录三:"惑"之不解

志摩兄,诵所致书,有大段言弟所欲言者,甚以为快。再为尽其意如下:兄所指之真伪,弟意以为是是非。文艺上既有韵之一字,则无是非。同时又有一明字,则真伪应不容混淆。傀儡登场,不能视之为人。焉云不能定真伪?军阀政治,不得为共和。焉云不能定真伪?艺 Art plastigne 之原素,为 forme,色次之。果戆之不为弟弃者,以其形之存也。试问种种末斯之类(弟号之曰:人造自来派),何所谓形。形既不存,何云乎艺。

兄气责备弟之言重,弟亦有说。巴黎所存马梯斯等之画,何啻数十百个堆栈?弟何以不披发入山?因江河万古之杰作,量数尤过之也。弟恒侪施耐庵金圣叹于左马,以齐观也。试问腮惹纳、薄奈尔辈,置于 Praxilele 或 Leonardo Da Vincj 之前,其悬殊当何状。弟亦深恶痛绝院体式之美术,以其伪也。但与伪别者为真,伪不一端,不能以伪别伪。

罗斯金或者是林畏庐之流,至于魏劳动保护勒杰作,却似兰之馨。其白与黑,皆具节奏,是何等 Finesse。及 Perfection(其母像可征)弟更欲言者。即一作家之作品,前后亦迥不相侔。如特腊克罗纪萧之残杀、唐惟与费其尔之游地狱同徐王之覆舟等。不世步之杰作。愿彼一生所作,无虑数百幅。类乎是者,仅百分之二,其外悉浮伪。吾最服大批评家 Taine 之言,曰艺人之致力,恒分二期,初期悉为真之感觉,逮经验渐丰,则由意造,而真意漓。又曰:"吾人研究何种艺术,初不必存成见。不必定以意大利美术为华贵,而荷兰画为鄙俗。要必如治植物者之于植物。凡系植物,对之均有兴会。"弟意则以为苟与植物学者以东洋造花,亦有兴会。顾必有感觉之不同者。

兄所云:"一个中材学生……但他不能使我们对他的真诚发生兴趣。"这却无可奈何。兄须知此中材学生,苟将其真诚抛弃,易一般狂妄,便能增加得兴趣乎。帮创造乃一可贵之事,不能责之人人。人而不以独立自期,便云无志。但苟存我们倘偶然发觉得死光,便可以打倒英国帝国主义,他些海军,便算白送。真是妄想,所以弟不说主义。虽 Classigne 亦不绝对拜倒——除非写实主义。——弟所主张,乃智之美术。Un art Savant 要海陆空军都充分,方可以独往独来,扬眉吐气。否则拾人牙慧,便是飞地亚史信徒,有何用处。

至于吾师达仰先生之大度雍容,弟万不能企及。彼曾不厌跋涉,往观 MauriceDenis 之展览会(左派饰画名家)。彼亲对弟言,须时检查己之成见。(非 Principe)主见不可无,而成见则为过情。弟性褊狭,不能如所奖誉。但弟亦知含金之沙,与纯铜有别。顾既是金,要以纯金为贵,知尊意亦相同也。尊论之喜新异好变动,弟恒比之日食燕窝鱼翅之倒胃口,此时青菜豆腐汤,能成大好美味。但正不必定以为青菜豆腐,味胜燕翅。三日之后,其象又变。而菜之品第,奚能不知。仅有嗜之不用耳。

兄之盛意,欲弟来向艺界指条大路。弟才浅学疏,不特无此力量,且不能担此重任。弟仅知穷则独营其力。我也曾经发表拿 Mns ee Roolin 搬到中国来之计划,顾未尝得着一声回响。我也游说过陈嘉庚先生,未能蒙其采纳;我也曾上书中法庚款委员会;我也当过那不三不四的艺术院长,结果等于零。志摩兄,你能责备我清净无为么?弟惟希望我亲爱之艺人,细心体会造物,精密观詧之。不必先有一什么主义,横亘胸中,使为目障。造物为人公有,美术自有大道,人人上得去,焉用弟来指示。但去恶急于树德。前承兄及杨(清磬)先生雅命,用一发牢骚,弟之过虑,或竟不成事实。且弟之主张果胜利,亦未必非兄所心喜者。言或过激,似固无伤。此数行不能尽弟之意,要俟详谈。弟对美术之主观,为尊德性,崇文学,致广大,尽精微,极高明,道中庸。虽不能至,心向往之。幸兄教我。

悲鸿拜启
四月二十七日书于张氏匏系庵

(徐悲鸿:《"惑"之不解》,《美展》1929年5月第9期。)

附录四：我不惑

四十多岁的老头子，自然应该不惑。我读了美展第五期上两位徐先生的大文，见他们双方都惑。自然，应当说两句不惑的话，方是道理。我想悲鸿先生的态度，是真正艺术家的态度。换一句话说，是主观的态度。志摩先生的言论，是评论家的口气。把主观抛开了讲话，所以他们双方的话，讲不拢来。塞尚奴(Ceyanne)、马帝斯(Matisse)的作品，我研究了廿多年的洋画，实在还有点不懂。假若说：我的儿子要学他们的画风。我简直要把他重重地打一顿，禁止他学他们。因为我对我的儿子负有指示他的责任。我不得不凭我的主观来决定我的行为。所以我凭我主观说：我是极端赞同悲鸿先生的态度。至于艺术评论家的责任，是要传扬艺术家所表现不到家的地方。所以如果遇到有所不懂的地方，只可以承认自己赏鉴力的不足，不好说作家的东西不好。罗斯金和魏斯德勒的官司，就是罗斯金失了他评论家的态度，把主观拿出来了。所以志摩先生的不诽谤塞尚奴、马帝斯，也是极正当的态度。

照上面所说，两位徐先生因为所处的地位不同，态度的不同。这有什么可惑的地方？不过我并不在这里解劝他们的争论。我想请他们把眼光放开一些，把社会上所要解决的大问题，讨论一下，然后再来判断艺术。

艺术在作家方面，可以说不过是个性表现。任凭他作风如何，只要不是欺人，在他自己眼光中，自然是有价值的。不过艺术品要在社会上存在，要使社会鉴赏，除非要社会至少能够了解，不要说表同情。倘如有一件艺术品，社会上没有人了解，任凭他如何的有价值，在那一个时代中便是"乡下人毛厕"一般的东西。这种情形犹如田里长了五谷，假使人类只知道吃麦，则他类的谷自然要被淘汰，把田地专来种麦了。志摩先生以为这个办法是适当的吗？假使志摩行政管理是一位农学专家，五谷的好处都研究过的，味道也都尝过的，那便不妨把他的好处传扬出来，使别人也尝尝。假若志摩先生不能做到这一层，那末暂且不必去管他们。塞尚奴和马帝斯的作品，在我的眼光中，敢说在一般社会上人的眼光中，未见得能够十二分地了解。如果他们的好处志摩先生已经知道，则不妨把他们来解释一下，再容我们大家请教请教。且不管和时代的风尚如何？与社会的心理是什么关系？

我从本文的起首，到现在还没有说主观的话。现在便要开始说几句了。我觉得艺术的作风，既和时代发生关系，艺术家的责任，就应该把他在社会上的责任先研究一下。志摩先生说："艺术的批评是独立的，不容纳道德性的观念的。"在我的意想中，我们倘若用远大的眼光来看，社会进化的眼光来看，艺术和道德确有深切的关系。不过我的所谓道德，是艺术家自身所感受到道德，不是传统上的道德。一个艺术家不是至诚的耶稣教徒，他决不能有好的圣母画出来。这是我相信的。一个鄙陋的画家，任凭他技巧如何的精妙，决不会有流芳百世的艺术品产生。这也是我深信的。回转来说：一个人的天性终是善的。除非受了利欲的支配的人，才有不正当的行为。艺术家假使没有利害的关系，那他所表现的必定是真实的，也必定是他天性的，所以也就是善的。因为以上缘故，我不敢批评任何人的作品。除非我可以证明其人行为，是有欺骗社会以谋利的地方。塞尚奴和马帝斯的为人如何？我不十分清楚，所以不敢断言。悲鸿先生说："他们是藉卖画商人的操纵宣布而成名的。"如果他的话有确实的证据，那我绝对地赞同。悲鸿先生说：他们的画没有价值。不过我现在拿社会的眼光来看，即使悲鸿先生的话是不确，塞尚奴和马帝斯的表现，都是十二分诚实的天性流露；但是我还觉得要反对他们在中国流行。因为我以为在中国现在的状况之下，人心思乱了二十多年，我们正应用艺术的力量，调剂他们的思想，安慰他们的精神。像塞尚奴、马帝斯一类的作品，若然盛行在中国，冲动了中国的社会，我知道这祸患不浅哩?！这是我的主观。但是这也是我不惑的地方，所以拿出来讲一讲。

现在不从我的主观说话，单就现在中国的艺术状况而言，有几个人肯耐心地研究学术？有几个人不愿由一条捷径来换得名利？如果塞尚奴和马帝斯一类的作品，是在中国有了代价，那末我知道希腊罗马的古风是再也不会攒进中国的艺术界来。欧洲几百年来的文明，在中国再也没有什么地位了。这种情形就是志摩先生造成塞尚奴和马帝斯似乎也当考虑考虑。志摩先生还说："人心好变动喜新异。"结果乃有塞尚奴的"土气"、"梵高的癫狂"，这话诚然。艺术家常讲统一和变化，在一件艺术品中而言，自然是不错的；就艺术的趋势而知道，这种原理也是同样地适用。不过西洋艺术的环境,和中国艺术的环境是不一样的。一片灰色的颜色中加上一点红,我们觉得十分地有趣。倘若满纸灰色的背景,还没有涂好的时候,这一点红似乎加也不适当了。我请志摩先生想想我们现在中国的艺术。如果说:欧风是有可取的价值,我们是否应该先把这灰色的背景涂好。换一句话说:欧洲数百年来,艺术的根基多少融化了,再把那触目的作风,如塞尚奴、马帝斯一类的作品,输入中国来。我根据这个观念,所以要在两位徐先生大文之后,加这几句话。我不希望谁给我来辩驳。我不过想一般读者,读了两位的"惑",或者可以采取我的意见因之不惑。

我作本文的时候,志摩先生的《我也"惑"》还未完篇。一半的高论,尚未领教。如以后读了他下半篇文字,觉得有更正或补充我的言论之必要时。再行请教。

毅士附注 四,二十六,灯下

选自《美展汇刊》,1929年第一届全国美术展览会编辑组发行。

(李毅士:《我不"惑"》,《美展》1929年5月第7期。)

附录五:徐悲鸿生平年表

1895 年(光绪二十一年 乙未)1 岁

7 月 19 日出生于太湖之滨的江苏省宜兴县屺亭桥镇。父亲徐达章是私塾先生,母鲁氏是位朴实的农村妇女,在家料理家务。徐悲鸿为家中长子,原名寿康。

1901 年(光绪二十七年 辛丑)6 岁

开始随父读书习字。

1904 年(光绪三十年 甲辰)9 岁

已读完《诗》、《书》、《易》、《礼》和《左氏传》等书目。正式从父习画,每日临摹晚清名家吴友如《点石斋画报》人物一幅,并学设色。

1905 年(光绪三十一年 乙巳)10 岁

开始在父亲不重要的画面上填彩敷色。岁末时,能帮乡里人写春联。作《舟行小诗》。

1908 年(光绪三十四年 戊申)13 岁

随父辗转于邻近的乡县,卖画为生。

1912 年(民国元年 壬子)17 岁

父亲病重,在宜兴女子师范学校、彭城中学、始齐小学任美术教师。在《时事新报》发表白描戏剧画《时迁偷鸡》,获征稿二等奖。

从父命与农家女周氏结婚,婚后生一子,不久,母子因病去世。

1913年(民国二年 癸丑)18岁

赴上海图画美术院学习。两个月后,回宜兴继续担任图画教师。

1914年(民国三年 甲寅)19岁

父亲病故。去上海寻找半工半读的机会。

1915年(民国四年 乙卯)20岁

在黄警顽、黄震之的扶助下研习法文。结识画家周湘、高奇峰、高剑父等人。

初识蒋碧薇。

1916年(民国五年 丙辰)21岁

考入法国天主教会主办的震旦大学,攻读法文。因感念黄警顽、黄震之的扶助之恩,改名为"黄扶"。

为"哈同花园"创作仓颉像,被仓圣明智大学聘为美术教授。结识维新派领袖康有为,画艺大进。

1917年(民国六年 丁巳)22岁

携蒋碧薇赴日本东京考察美术,半年后回国。

1918年(民国七年 戊午)23岁

结识蔡元培,被聘为北京大学画法研究会导师。作《中国画改良论》一文。争取到公派赴法留学的机会。

1919年(民国八年 己未)24岁

3月,携蒋碧薇赴法留学,5月抵达巴黎。秋季,入徐梁画院进修。

1920 年(民国九年　庚申)25 岁

考入法国巴黎高等美术学校,受教于弗拉孟先生,接受正规的西画教育。拜著名画家达仰为师。

1921 年(民国十年　辛酉)26 岁

中国留学生学费中断,离开巴黎,转至经济萧条的柏林,居康德路画室,问学于画家康普。

1922 年(民国十一年　壬戌)27 岁

经常去动物园画各种动物,以提高写生能力。并在博物馆大量临摹伦勃朗、丢勒、门采尔等人的原作,每天作画十几小时。

1923 年(民国十二年　癸亥)28 岁

返回法国巴黎,继续师从达仰。作油画《持棍老人》、《河边》、《沉睡的维纳斯》。5 月,作品《老妇》首次入选法国国家美术展览会。

1924 年(民国十三年　甲子)29 岁

与周恩来会晤。

1925 年(民国十四年　乙丑)30 岁

与游历法国的黄孟圭结伴,赴新加坡作画。

1926 年(民国十五年　丙寅)31 岁

途经新加坡回国,在船上邂逅林风眠。田汉在上海向文化界人士介绍和举荐徐悲鸿及其作品,引起文化界极大关注。

5 月,返回法国。夏季,至比利时首都布鲁塞尔并在此临摹艺术大师约斯坦的《丰盛》,受益匪浅。自感这一年是创作最多的一年,其中不乏得意之作,如油画《箫声》、《睡》等。

1927年(民国十六年　丁卯)32岁

携蒋碧薇游历了瑞士及意大利,观赏到众多名家画作。5月,法国国家美术展览会展出其作品9件。

秋,抵达上海,任国立第四中山大学(后改称中央大学)艺术系教授。作油画《诗人陈散原像》。

1928年(民国十七年　戊辰)33岁

1月,与田汉、欧阳予倩组织"南国社"。在上海成立南国艺术学院,担任绘画科主任。2月,应中央大学的聘请任艺术系教授。10月,任北平大学艺术学院院长。

作油画《蔡公时被难图》。

1929年(民国十八年　己巳)34岁

1月,辞去北平大学艺术学院院长一职,专职在中央大学任教。在第一届全国美术展览会《美展汇刊》上连续发表《惑》、《惑之不解》等文章,推崇现实主义艺术。

1930年(民国十九年　庚午)35岁

完成油画《田横五百士》。遇孙多慈。

1931年(民国二十年　辛未)36岁

春,在比利时首都布鲁塞尔举办个人画展。完成《九方皋》。

1932年(民国二十一年　壬申)37岁

筑宅于南京傅厚岗,取名"危巢"。

与苏州美专校长颜文梁在南京举办联合画展。

1933年(民国二十二年　癸酉)38岁

完成油画《徯我后》。携中国名家画作在欧洲巡回展览,盛况空前。

1934年(民国二十三年　甲戌)39岁

至德国柏林、莫斯科和列宁格勒等地举办中国近代画展。8月,返回南京。

1935年(民国二十四年　乙亥)40岁

保释田汉。捐献作品及收藏,拟在广西桂林独秀峰下建一美术馆,由于全国抗战爆发,未能实现。

1936年(民国二十五年　丙子)41岁

赴桂林、阳朔等地小居,创作《逆风》、《古柏》、《漓江春雨》等画作。

1937年(民国二十六年　丁丑)42岁

在香港、广州、长沙等地举办画展。在香港购得《八十七神仙卷》。10月,随中央大学内迁赴重庆。创作《巴人汲水》。

1938年(民国二十七年　戊寅)43岁

继续在中央大学艺术系任教。接受印度著名诗人泰戈尔的邀请筹备赴印展览。10月,携大批作品离开重庆。

1939年(民国二十八年　己卯)44岁

3月,在新加坡举办筹赈画展。12月,在印度国际大学举办中国近代画展,泰戈尔亲自揭幕并致欢迎词。

1940年(民国二十九年　庚辰)45岁

继续在印度逗留,与泰戈尔结下深厚的友谊。在加尔各答举行作品展。为甘地作速写肖像。完成中国画《愚公移山》。

1941年(民国三十年　辛巳)46岁

由印度回国,途经槟城、怡保、吉隆坡等地,举办画展,所得收入全部捐出用于抗战救灾。

1942年(民国三十一年　壬午)47岁

在云南保山、昆明举办画展。至重庆,继续在中央大学艺术系任教。在重庆磐溪筹备成立中国美术学院,在桂林结识廖静文。

1943年(民国三十二年　癸未)48岁

在重庆举办画展。率中国美术学院筹建人员与部分中央大学学生赴四川写生考察。

1944年(民国三十三年　甲申)49岁

因长期过度疲劳,患严重的高血压及慢性肾炎,进中央医院治疗,作品锐减。

1945年(民国三十四年　乙酉)50岁

大病未愈,仍坚持在中央大学艺术系任教。在郭沫若起草的《文化界对时局进言》上签名,主张废除国民党的一党专政。正式与蒋碧薇离婚。

1946年(民国三十五年　丙戌)51岁

1月,与廖静文结婚。担任北平艺术专科学校校长,招纳吴作人、李桦、叶浅予、冯法祀等一批有影响力的艺术家前来执教。建立起完整的美术教育体系。

组织成立了北平美术作家协会。

1947年(民国三十六年　丁亥)52岁

发表《新国画建立之步骤》、《当前中国之艺术问题》等重要文章。

1948年(民国三十七年　戊子)53岁

与夫人廖静文拒绝随国民党南迁,团结北平艺专全体师生保护学校。

1949 年　54 岁

出席在捷克斯洛伐克共和国首都布拉格举行的第一届保卫世界和平大会。7 月,被推选为全国美术工作者协会主席。北平艺专与华北大学三部美术系合并为国立美术学院,仍担任院长一职。

1950 年　55 岁

国立美术学院更名为中央美术学院,担任院长。为创作《毛主席在人民中》画了大量速写和构图。起稿《鲁迅与瞿秋白》

1951 年　56 岁

抱病到山东导沭整沂水利工程工地体验生活,为劳模、民工画像,搜集反映新中国建设的素材。构思油画新作《当代新愚公》。

7 月,患脑溢血,半身不遂。

1952 年　57 岁

抱病卧床一年有余,脑溢血病症尚未痊愈。

1953 年　58 岁

抱病指导中央美术学院教学工作,为结业班的学生讲课,指导教师进修。9 月 23 日,担任第二次文代会执行主席,脑溢血症复发。26 日晨,逝世于北京医院。

入葬北京八宝山革命烈士公墓。

图书在版编目(CIP)数据

写实人生——徐悲鸿/封加樑,林明著. —南京:南京师范大学出版社,2012.8
(随园大家丛书)
ISBN 978-7-5651-0970-6

Ⅰ.①写… Ⅱ.①封… ②林… Ⅲ.①徐悲鸿(1895～1953)—传记 Ⅳ.①K825.72

中国版本图书馆 CIP 数据核字(2012)第 190222 号

书　　名	写实人生——徐悲鸿
丛书策划	丁亚芳　戴联荣
作　　者	封加樑　林　明
责任编辑	高朝俊
出版发行	南京师范大学出版社
地　　址	江苏省南京市宁海路 122 号(邮编:210097)
电　　话	(025)83598919(传真)　83598412(营销部)
	83598297(邮购部)
网　　址	http://www.njnup.com
电子信箱	nspzbb@163.com
照　　排	南京理工大学印刷照排中心
印　　刷	南京精艺印刷有限公司
开　　本	880 毫米×1230 毫米　1/32
印　　张	6.75
字　　数	145 千
版　　次	2012 年 8 月第 1 版　2013 年 10 月第 2 次印刷
书　　号	ISBN 978-7-5651-0970-6
定　　价	20.00 元

出 版 人　彭志斌

南京师大版图书若有印装问题请与销售商调换
版权所有　侵犯必究